유아 권리 실현에 힘쓰시는 분에게
이 책을 바칩니다

# 유아 권리

## 길라잡이

# 유아 권리
## 길라잡이

초판 1쇄 인쇄 | 2016년 2월 20일
초판 1쇄 발행 | 2016년 2월 25일

지은이 | 이경자 외
펴낸이 | 옥남조
본문디자인 | 최은숙
표지디자인 | 행복한물고기

펴낸곳 | 씽크파워
출판등록 | 2005년 10월 21일 제393-2005-15호
주소 | 서울특별시 동작구 현충로 22길 44-6, 201호
전화 | 02-817-8046
팩스 | 02-817-8047
이메일 | mwyoon21@hanmail.net

ISBN 979-11-85161-15-0 (03190)

이 도서의 국립중앙도서관 출판예정도서목록(CIP)은 서지정보유통지원시스템 홈페이지
(http://seoji.nl.go.kr)와 국가자료공동목록시스템(http://www.nl.go.kr/kolisnet)에서
이용하실 수 있습니다.(CIP제어번호 : CIP2016003525)

# 유아 권리 길라잡이

**지은이**
이경자 김경희 박인기 서성강
송화진 신경은 이미진 이은희
장화순 조병삼 조영례

씽크파워
THINK POWER

# 유아를 인격체로 바라보아 주세요

유아를 내려다보지 말고 쳐다보아야 합니다.
절대 윽박지르지 말아야 합니다.
생활을 즐겁게 해주어야 합니다.
칭찬해가며 길러야 합니다.
마음껏 뛰어놀 수 있게 해야 합니다.
기쁨이 가득하게 해야 합니다.

위의 소파 방정환 선생의 말씀처럼 유아도 한 사람의 인격체로 대해야 합니다.

유아는 나라의 미래를 짊어지고 갈 꿈나무입니다. 유아는 인격체로서 인간다운 생활을 할 권리가 있습니다.

그럼에도 불구하고 상상조차 할 수 없는 충격적인 아동학대 사건들이 가족이나 교사, 심지어 부모에 의해 발생하고 있습니다. 언론을 통해 보도되는 이런 현실을 접할 때마다 분노와 함께 그동안 쌓아왔던 유아교육에 대한 신뢰가 무너지는 것 같아 안타까운 심정입니다.

한국유치원총연합회에서는 이런 상황을 극복하고 사전에 예방하고자 한국유아인권위원회를 결성하여 유아 인권을 보호하는 데 앞장서 왔습니다.

또한, 체계적인 유아 권리교육 실시와 유아교육에 헌신하고 있는 교사들의 인권을 지키고 보호할 대안 마련을 결의하고, 그에 대한 시작으로 유아 권리 보장을 위한 안내서인 〈유아 권리 길라잡이〉를 펴내게 되었습니다.

〈유아 권리 길라잡이〉는 유치원 원장으로 구성된 한국유아인권위원회 강사들의 유아 권리교육 강의 내용과 현장에서의 생생한 체험을 바탕으로 펴낸 국내 최초의 유아 권리 지침서이자 안내서입니다.

이 책이 유아의 권리를 새롭게 인식하여 한 사람의 인격체로서 대하는 데 소홀함이 없는 깨달음의 계기가 되기를 바랍니다. 아울러 유치원과 어린이집을 비롯한 교육 현장과 유아교육 정책 수립을 위해 힘쓰시는 교육공무원, 미래의 유아교육자 양성을 위해 애쓰시는 대학교수와 학생들의 유아 권리교육 및 권리실현에 도움이 되었으면 합니다.

금번 한국유치원총연합회의 〈유아 권리 길라잡이〉 출간은 유아를 위한 '유아 권리' 지침서로서의 시작일 뿐입니다. 이를 계기로 앞으로 심화된 사례 축적과 연구를 바탕으로 더욱 알찬 책으로 거듭날 것이라 기대합니다.

끝으로 책을 공동으로 집필해주신 필자 여러분과 편집을 책임져주신 박영란 교수, 발간을 독려하고 격려해주신 유아교육 관계자 여러분들께도 깊은 감사를 드립니다.

대표저자  이 경 자
(한국유치원총연합회 이사장)

# 차례

PART 1

# 유아 권리의 성격

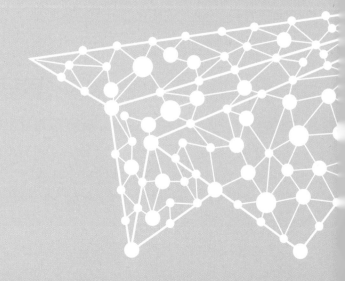

# 유아 권리란 무엇인가요

　유엔 아동 권리 협약 제1조에는 협약의 목적상 '아동'이라 함은 만18세 미만의 모든 사람으로 규정하고 있고, 우리나라 아동복지법 제2조에서도 아동을 만18세 미만자로 규정하고 있다. 그러므로 국제적 수준에서 아동은 만18세 미만의 모든 사람을 총칭한다. 여기에서는 만18세 미만의 아동 중에서 유아의 권리에 관해서 서술하고자 한다.

　권리의 사전적 의미는 '사람이 사람답게 살기 위하여 당연히 인정되어야 하는 것'이라고 되어 있다. 유네스코 한국위원회는 권리를 '인간이라면 누구나 마땅히 가지는 것, 인간이 세상에 태어나 성장하면서 바라는 것, 희망하는 것, 요구하는 것들을 권리의 개념으로 승화시켜야 하는 것'이라고 하였다.

무엇보다 중요한 것은 유아의 권리에 대한 시각이 유아를 하나의 인격체로서, 권리의 적극적인 향유 주체이자, 권리 행사의 주체로서 인정해야 하는 동시에 유아와 관련된 모든 결정에 있어 유아에게 주어지는 최선의 이익이 제1차적 기준이 되어야 한다는 쪽으로 확고히 굳어져 왔음을 확인할 수 있다.

# 유아 권리교육은 왜 해야 할까요

유아 권리교육은 유아에게 스스로의 정체성을 찾아주고 미래에 대한 적극적인 자기 전망을 갖도록 도와주는 교육이다. 유아 권리교육의 목적은 유아에게 권리가 무엇인지 알게 해서 자신의 권리뿐만 아니라 타인의 권리를 존중할 수 있는 능력을 배양하여 민주시민으로서 살아갈 수 있는 태도와 능력을 길러주고자 하는 것이다.

유아 권리교육은 어떤 교육인가요?

유아가 스스로의 정체성을 가지고 꿈을 추구하게 합니다.

유아 권리교육의 목적은 무엇인가요?

자신과 타인의 권리를 인식하고 존중하는 능력을 갖추게 하는 것입니다.

현재 우리나라에서는 유아 권리에 대한 인식 부족과 유아 권리협약 이행에 대한 관심 부족의 문제가 지적되고 있다. 이러한 문제에 대해 우리는 현재 우리 사회 자체의 노력 부족으로 생각하지 않고 몇 세기에 걸쳐 오래 전부터 축적된 민족성의 문제로 생각하는 경향이 있다.

영유아기가 성장·발달이 왕성한 시기일 뿐만 아니라 전 생애의 기초가 이어지는 권리 실현을 위한 결정적 시기(서영숙 외, 2009)라는 것과 발달 특성상 교사의 영향을 가장 크게 받는다는 점, 우리나라의 특성상 유아를 권리 주체로 인식하기 어렵다는 것을 볼 때 영유아 권리에 대한 관심과 교육은 필요하다고 하겠다.

특히 2013년 전면적인 누리과정의 실행으로 유아 권리교육의 관련 내용이 연구되면서 유아 교육현장에서 교사의 역할은 매우 중요하고 유아 권리의 초석을 다진다는 의미에서 그 중요성은 더욱 증대되고 있다.

또한, 국제 사회의 기준에 발맞춰 유아 권리의 중요성을 인식함과 동시에 국제사회와의 기준과는 다른 한국적 상황과 인식을 반영한 체계적인 유아 권리교육이 시급한 실정이다. 유아라 하더라도 권리를 가지고 있고 또한 그 권리를 누리는 것은 당연하기 때문이다.

# 유아 권리교육은 어떻게 발전되어 왔나요

역사적으로 볼 때, 국제적 수준의 권리 보편화에 따른 유아의 권리 보장은 1924년 제네바 선언에서 유아는 특별한 보호와 구제의 대상이었고, 제네바 선언 이후 1959년 유아의 최선의 이익을 보장하기 위해 10개 조의 '유아 권리선언'을 채택하게 된다. 이어서 1989년 유아를 적극적인 권리의 주체로 인정한 UN의 아동 권리 협약 (Convention on the Rights of the Child: CRC)이 채택되었고, 이러한 세계적 흐름에 발맞춰 우리나라에서도 비준을 함으로써 1991년 11월 20일 자로 협약의 당사국이 되었다.

유아 권리 보장은 어떻게 발전되어 왔나요?

1924년 제네바선언과 1959년 10개 조의 '유아 권리 선언', 1989년 유엔 아동 권리 협약으로 이어졌지요.

그러면 우리나라는 어떻게 했나요?

1991년 유엔 아동 권리 협약을 비준함으로써 협약 당사국이 되었습니다.

우리나라는 1920년대에 소파 방정환을 중심으로 한 어린이 애호사상의 등장으로 유아 권리에 대한 의식이 생겨났고, 어린이날과 어린이 헌장 제정, 아동복지법과 1991년 UN 아동 권리 협약의 당사국이 되면서 유아 구호와 유아 보호를 넘어 유아 복지의 시대를 맞게 되었다.

이의 일환으로 2004년에 영유아의 권리를 보호하기 위하여 영유아보육법을 개정하였다(법제처, 2005). 영유아보육법 제3조는 유아 권리의 핵심이 되는 유아 최선의 이익 원칙, 안전한 환경에서의 건강한 성장, 그리고 자신이나 보호자의 성, 연령, 종교, 사회적 신분, 재산, 장애, 인종 및 출생지역 등에 따른 어떠한 종류의 차별도 받지 않아야 함을 명시하고 있다.

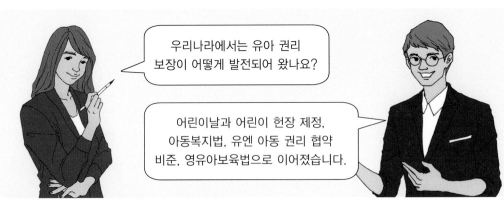

우리나라에서는 유아 권리 보장이 어떻게 발전되어 왔나요?

어린이날과 어린이 헌장 제정, 아동복지법, 유엔 아동 권리 협약 비준, 영유아보육법으로 이어졌습니다.

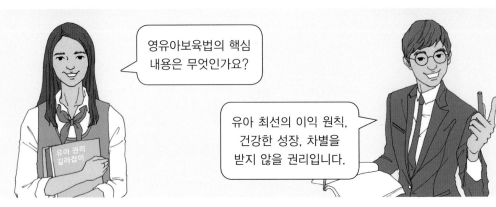

영유아보육법의 핵심 내용은 무엇인가요?

유아 최선의 이익 원칙, 건강한 성장, 차별을 받지 않을 권리입니다.

또한, 2004년 1월 유아교육법이 제정됨으로 인해 유아교육 공교육 체제 구축의 법적 근거가 마련되었고 유아들은 더욱 질적 수준이 높은 유아 교육기관에서 균형적이고 조화로운 발달을 조장하는 교육을 받을 수 있게 되었다. 이후 2013년 만3세, 만4세, 만5세를 대상으로 하는 누리과정의 전면 도입으로 유아교육

의 중요성은 더욱 크게 부각 되었으며 유아 권리 측면에서 그 중요성은 더 큰 의의를 갖게 되었다.

# 유아 권리교육에서 교사와 부모의 역할

유아는 부모의 소유가 아닌 독립된 주체로 성장할 특별한 권리가 있음을 주목할 필요가 있다.

영유아를 에워싼 성인들이 유아 권리에 대해 인식을 하고 있지 않다면 그 성인과 관계를 맺고 있는 영유아의 권리는 보장받기 어려울 것이다(김진숙, 서영숙, 서혜정, 2010).

영유아기는 발달 특성상 교사의 영향을 가장 크게 받는 시기이며, 유아의 개념 형성에는 교사의 가치관과 태도가 영향을 미치게 된다. 또한, 영유아의 능력에 맞는 교육 프로그램을 계획·수행하고, 영유아의 권리를 존중하는 것뿐만 아니라 영유아가 능동적인 권리의 주체가 되도록 권리교육을 실천할 수 있는 사람도 교사이다(김진숙 외, 2010). 교사는 영유아가 보호 측면과 자율 측면의 권리를 모두 가진 인격 주체임을 알고, 자신의 권리뿐만 아니라 타인의 권리도 존중하는 성인으로 성장하고 발달할 수 있도록 도와주어야 한다.

영유아 권리에 대한 교사의
역할은 무엇인가요?

영유아기는 교사의 영향을 가장 많이 받는
시기이므로 권리를 존중해 주고 스스로
권리의 주체가 되도록 교육해야 합니다.

영유아 권리에 대해 교사는
어떻게 해야 하나요?

영유아가 자신과 타인의 권리를
존중하는 성인으로 자랄 수
있도록 도와주어야 합니다.

유엔 아동 권리 협약에서는 유아에 대한 부모나 보호자의 지도가 유아의 의사를 존중하고 유아 스스로의 요구나 의견, 행동을 중시하는 방향으로 이루어질 것을 강조하고 있다. 유아의 의사를 존중한 결과가 오히려 장래 유아의 이익에 도움이 되지 않을 우려가 있다 하더라도 시행착오를 거치면서 유아가 성장·발달해 간다는 교육적 가치를 이해하면서 부모의 일차적 양육 책임에 대한 필요성을 역설하고 있다. 따라서 유아 권리 형성을 위한 부모의 역할이 무엇보다 중요하다.

유아에게 부모의 역할은 무엇인가요?

양육에 대한 책임이 있으며 유아 스스로 자신의 권리를 형성할 수 있게 도와주어야 합니다.

부모는 유아에게 어떻게 권리 형성을 해주어야 하나요?

유아의 의사를 존중하면서 유아 스스로의 요구나 의견, 행동을 중시해야 합니다.

# 유아 권리교육은 어떻게 해나가야 할까요

유아는 자신의 개인적 수준에 따라 각 성장 단계에 적절하게 자기의 생활상황에 대처해 가면서 신체나 정신뿐만 아니라 필요한 이해력, 기능 및 능력을 발전시켜 나가는 과정에 있으므로 단계별 발달과정에서 다른 권리를 누리고 향유해야 한다(김윤정, 1998).

발달 단계에 따른 유아 권리의 특성을 살펴보면 다음과 같다.

첫째, 영유아기, 아동기, 그리고 청소년기에는 공통으로 건강·의료·생존·발달·생활의 보장에 대한 권리, 휴식·여가·놀이·문화적 생활에 대한 권리, 교육 기회를 제공받아 교육을 받을 권리, 유아의 의사 존중과 표현의 권리, 비차별의 권리, 국적권·위험한 물건·물질·시설·각종 폭력·노동·학대로부터 보호받을 권리, 상황에 맞는 도움을 요청하고 받을 권리, 부모에 의해서 양육 받고 가정에서 성장할 권리가 있다.

둘째, 영유아기는 발달상의 특성에 따라 건강과 의료·위생적인 양육환경에 대한 권리, 놀이를 위한 장난감·시설 등을 제공받고 충분히 놀 수 있는 권리, 생활습관을 교육받을 권리, 부모에 의한 양육과 가정에서 성장할 권리가 강조되고 있다.

셋째, 유아기는 건강한 발달과 교육을 위한 생활조건을 제공받을 권리, 동등한 교육의 기회를 제공받고, 여러 가지 활동을 선택해서 참여할 권리·휴식·여가·놀이·문화생활에 참여할 권리, 교통안전에 대한 권리가 강조되고 있다.

넷째, 청소년기는 성인과 가장 가까운 시기이므로 능력 및 자질의 계발을 위한 권리, 교육의 기회를 부여받고 교육에 대한 여러 사항을 선택하고 참여하며, 자신의 의견을 표현할 수 있는 자유의 권리와 자신의 의사를 반영할 수 있는 권리 등의 시민적 자유의 권리가 강조되는 시기이다.

유아의 단계별 권리 욕구에는 어떤 특징이 있나요?

각 성장 단계에서 개인적 수준과 자기 생활상황에 따라 단계별 상이한 권리를 누리고 향유해야 하는 특성이 있습니다.

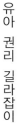

유아기에는 어떤 권리교육을 해야 하나요?

건강한 발달과 교육을 받을 권리, 활동을 선택해서 참여할 권리, 휴식·놀이·문화생활에 참여할 권리, 교통안전에 대한 권리입니다.

따라서 보호 측면에서 유아 권리 존중을 기본으로 하되 더 나아가 교육적인 양육 환경으로서의 놀이를 위한 장난감·시설 등을 제공받고, 충분히 놀 수 있는 권리로서의 휴식·여가·놀이·문화적 생활에 대한 권리, 교육의 기회를 제공받고 교육받을 권리, 유아의 의사존중과 표현의 권리 등에 대한 바른 시각을 정립하는 것이 이 시기에 필요한 유아 권리교육의 방향이다.

특히 개념적 지식으로서가 아니라 유아의 일상적인 경험을 통해 권리에 대한 이해가 가능하도록 돕는 일이 필요하다.

PART 2

# 유아 권리교육 내용 체계

# 유엔 총회 권리교육 결의

    유엔은 총회 결의안으로 1995년부터 2004년까지를 '유엔 권리교육 10개년'으로 정하고 전 세계에서 권리교육을 확산하고 강화하기 위한 활동들을 펼쳐 왔다.

    이러한 활동의 하나로 1996년 유엔 아동권리위원회는 한국 정부에 학교에서 권리교육을 할 것을 권고한 바 있다. 현재 우리 사회는 권리교육의 중요성과 필요성에 대한 인식이 과거보다는 많이 향상되었지만 아직도 부족한 실정이다.

# 유아 권리교육 개념도 (유엔 인권 고등판무관실 제공)

유엔 인권 고등판무관실(United Nations High Commissioner for Human Rights)에서 발간한 ABC: Teaching Human Rights—Practical activities for primary and secondary schools에는 세계인권선언을 포함한 국제권리장전 문서들을 토대로 작성한 연령별 권리교육 내용 체계표가 아래와 같이 제시되어 있다. (1997년 제네바에서 개발한 개념도)

〈유아 권리교육 내용의 성장 단계별 내용 체계에 대한 이해〉

| 수준 | 목표 | 핵심개념 | 행위목표 | 관련 권리문제 | 관련 기준 및 제도적 기구 |
|---|---|---|---|---|---|
| 〈유아기〉<br>• 유치원, 초등학교 저학년<br>• 만3∼7세 | • 자기존중<br>• 부모와 교사존중<br>• 타인존중 | • 자아<br>• 공동체<br>• 개인적 책임<br>• 의무 | • 공평<br>• 자기표현/경청<br>• 협동/공유<br>• 소집단 작업<br>• 개별작업<br>• 원인, 결과의 이해<br>• 공감<br>• 민주주의<br>• 갈등 해소 | • 인종차별<br>• 성차별<br>• 불공평<br>• 타인에 대한 상해(정서적, 신체적) | • 교실에서의 규범<br>• 가족생활<br>• 공동체규범<br>• 세계권리선언<br>• 유아의 권리에 대한 규약 |
| 〈아동기〉<br>• 초등학교 고학년<br>• 만8∼11세 | • 사회적 책임<br>• 시민권<br>• 욕구의 필요와 권리의 구분 | • 개인의 권리<br>• 집단의 권리<br>• 자유<br>• 평등<br>• 정의<br>• 법규<br>• 정부<br>• 보안 | • 다양성의 존중<br>• 공평<br>• 사실과 의견의 구분<br>• 학교 혹은 공동체 내에서의 행사<br>• 시민적 참여 | • 차별/ 편견<br>• 빈곤/기아<br>• 부정의<br>• 자민족 중심주의<br>• 자기중심주의<br>• 수동성 | • 권리의 역사<br>• 지역, 국가 수준의 법체계<br>• 권리의 관점에서 본 지역적 국가적 역사<br>• 유네스코/ 유니세프<br>• 비정부조직들 |

※ 유·초·중·고 권리교육과정 개발 연구(국가권리위원회 연구용역 보고서, 서울대학교 교육연구소 2003)를 참조하여 행위목표를 작성하였음.

# 유아 권리교육 목표

　유아 권리교육의 목표는 자신의 권리를 보호하고 타인의 권리를 존중할 줄 아는 기본 생활습관을 형성하도록 하는 것이다.

유아는 가정, 학교, 사회에서 존중되고 보호받아야 할 존재임을 확인한다.

 안전, 청결, 공평함, 친구와 사이좋게 지내기 등 낮은 수준에서 자신과 타인의
권리를 보호할 수 있는 기본 생활 태도를 형성한다.

 살아 있는 동식물의 생명을 소중히 여기는 태도를 기른다.

# 누리과정에 나타난 유아 권리교육의 내용

'만3~5세 누리과정 지도서에 나타난 유아 권리 관련 교육 내용 분석'에서 유아 권리교육의 범주인 기본적 권리, 평등의 권리, 자유의 권리, 경제적 권리, 정치적 권리, 사회적 권리가 생활주제별과 나이별로 어떤 분포로 제시되었는지 살펴보면 다음과 같다.

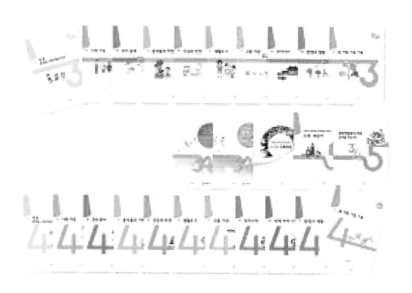

첫째, 자유의 권리 중 학문과 예술 표현의 자유와 의사 표현의 자유, 사회적 권리 중 교육받을 권리, 행복추구권은 모든 생활주제에서 골고루 나타났다. 관용, 민주적 절차, 법 앞에서의 평등, 생명권, 신체의 자유, 양심의 자유, 종교의 자유, 소비자의 권리는 전 생활주제에서 미비하게 나타나거나 아예 나타나지 않았다. 둘째, 나이별로 심화하는 내용에 따라서 권리 범주의 빈도가 증가하는 것으로 나타났다. 그러나 정치적 권리는 나이별로 빈도수가 달라져야 하지만 소폭의 빈도 차가 나타나거나 아예 나타나지 않는 생활주제가 있었다(김안나, 2014).

5개 영역에 나타난 유아 권리교육 내용은 만3세 1,840개, 만4세 2,195개를 포함하고 있는 것으로 파악되었다.

유아 권리교육 내용을 가장 많이 다루고 있는 영역은 만3~5세 나이 모두 사회관계 영역이고 전체 생활주제 가운데 만3~5세 나이 모두 '봄, 여름, 가을, 겨울'의 생활주제에서 유아 권리교육 내용을 가장 높게 다루고 있었다. 그 중 '교육과 휴식'에서 가장 비중 있게 다루고 있었다(원혜경, 조숙영, 2015).

만3~5세 누리과정 지도서의 생활주제에 나타난 권리교육 내용은 어떤가요?

여러 기본적인 권리들이 골고루 나타나 있으며 생활 주제의 특징에 따라 특정 권리 관련 내용이 많습니다.

그러면 누리과정 지도서의 나이별 권리 관련 교육 내용은 어떤가요?

나이별 특성에 따라서 권리 범주의 빈도수에 차이가 있습니다.

만3~5세 누리과정 지도서에서 유아 권리교육 내용을 가장 많이 다루고 있는 것은 어느 영역인가요?

사회관계 영역에서 가장 많이 다루고 있습니다.

그러면 어떤 생활주제에서 유아 권리 관련 교육 내용을 다루고 있나요?

계절의 주제와 관련하여 '교육과 휴식'에서 가장 비중 있게 다루고 있습니다.

유아 권리 길라잡이

# 유아 권리교육 내용 체계

| 수준 | 목표 | 핵심개념 |
|---|---|---|
| 유치원 | 자신의 권리를 보호하고 타인의 권리를 존중할 줄 아는 기본생활 습관을 형성하도록 한다.<br><br>① 유아는 가정, 학교, 사회에서 존중되고 보호받아야 할 존재임을 인식한다.<br><br>② 안전, 청결, 공평함, 친구와 사이좋게 지내기 등 낮은 수준에서 자신과 타인의 권리를 보호할 수 있는 기본 생활 태도를 형성한다.<br><br>③ 살아 있는 동식물의 생명을 소중히 여기는 태도를 기른다. | **태도 · 가치관**<br><br>(1) 자기 존중의 태도<br><br>　가) 자기 안전을 스스로 돌보는 태도<br><br>　나) 청결, 건강을 스스로 관리하는 습관<br><br>(2) 타인의 권리 존중 태도<br><br>　가) 다른 유아의 안전을 생각하는 태도<br><br>　나) 서로 공평하게 놀이할 수 있는 태도<br><br>(3) 생명 가치에 대한 존중 |

# 유아 권리교육 내용

유아 권리교육의 구체적인 내용으로는 차별을 받지 않을 권리, 교육받을 권리, 즐겁게 놀 수 있는 권리, 자유롭게 표현할 수 있는 권리, 건강과 안전을 누릴 수 있는 권리가 있다.

## 차별받지 않을 권리

모든 유아는 특별하고 중요한 존재임을 인식하도록 한다.

## 사례 1　"선생님, 안녕?"

외국에서 태어나 살다가 아버지가 한국에서 근무하게 되어 가족과 함께 이사 온 아이가 유치원에 입학했다. 부모가 외국인이라 한국말을 배우지 못했다. 아는 한국어라고는 "안녕", "다니엘입니다.", "이거", "저거" 등 간단한 말만 할 수 있었다.

며칠이 지나 친구들이 선생님께 인사하는 모습을 본 다니엘은 친구들이 하는 모습을 보고는 "선생님, 안녕?"이라고 한 손을 흔들었다.

친구들은 다니엘에게 "선생님한테 반말하면 안 돼. 선생님께는 '안녕하십니까?'라고 존댓말을 써야 하는 거야."라고 하면서 고개를 숙여 인사하는 시범을 보였다.

### 함께 생각해 보기

- 외국에서도 한국과 같이 높임말을 사용할까?
- 우리와 다르게 행동하는 외국인 친구에게 어떤 말을 해주어야 할까?
- 왜 우리나라와 다른 나라의 인사 문화가 다를까?

Tip　세계에는 다양한 문화들이 존재하고 있음을 유아들에게 알려주고, 그 문화들을 서로 이해하고 수용할 수 있도록 체계적인 다문화 교육을 실시해야 한다.

**"제가 잘못했어요."**

　　다문화 활동시간이다. 평소와 다르게 유아들의 분위기가 산만했다. 그래서 다문화 교사가 주의 집중을 하기 위해 "멋쟁이 친구는 어디에 있을까요? 선생님이 찾아볼게요"라고 했다.

　　그러자 병규가 마이클을 가리키며 "선생님! 멋쟁이 친구는 많은데 못난이 친구도 있어요!!"라고 소리쳤다. 다문화 교사가 고개를 갸우뚱하자 병규가 자리에서 벌떡 일어나 "선생님 잘못했어요! 이제는 안할 거예요! 한 번만 봐 주세요"라며 빌었다.

　　종종 병규는 자신이 잘못을 할 때마다 손을 빌며 "한 번만 봐 주세요"라며 자기 잘못을 시인하기 때문에 담임교사가 "병규야~ 손은 내리고 이야기해도 돼."라고 했지만 그 행동은 계속 반복되었다.

◤ 함께 생각해 보기

- 병규는 왜 손을 빌면서 이야기하는 걸까?
- 실수를 했을 때는 어떻게 표현해야 할까?

| Tip | 실수를 표현하는 방법에는 여러 가지가 있지만 무엇보다 자신의 실수를 솔직하게 인정하고 상대방에게 마음에서 우러나는 사과를 할 수 있도록 한다. |
|---|---|

**"분홍색 싫어!"**

며칠 전에 여자 아이가 분홍색 외투와 분홍색 셔츠를 입고 왔다. 친구들이 "남희야 예쁘다."하고 말하자 교사가 "남희가 오늘 예쁘게 입고 왔구나!"했다. 그러자 옆에 있는 남자 아이가 큰소리로 "분홍색 싫어!"라고 외쳤다.

교사가 "왜 분홍색이 싫어?" 하고 그 이유를 묻자 "분홍색은 여자 색깔이에요."라고 말했다. "왜 그렇게 생각하니?"라고 물으니 "남자는 파랑색이고 여자는 분홍색이에요. 원래 그래요"라고 하였다.

### 함께 생각해 보기

■ 색깔에도 남자와 여자 색이 정해져 있을까?

■ 남자 색깔과 여자 색깔을 구분하는 아이에게 어떻게 이야기해야 할까?

■ 색깔 이외에도 남자 여자를 구분하는 사례에는 어떤 것들이 있을까?

Tip 색에는 남자와 여자라는 구분이 없다는 것을 인지시킨다. 그리고 서로 좋아하는 색에 대한 취향이 다르다는 것을 이해하고, 타인의 취향에 대해 존중할 수 있도록 교육한다.

### 사례 4  "여자는 운전 못 해!"

상호와 준호가 놀이하다가 상호가 "우리 아빠 차는 쏘렌토야." 하자 준호가 "우리 아빠 차는 그랜저고 또 엄마 차는 모닝이야."

그러자 상호가 "야, 엄마는 여자인데 어떻게 운전을 해. 여자는 운전 못 해. 운전은 아빠만 하는 거야!"

준호가 교사를 쳐다보면서 "선생님 운전은 남자만 하는 거 아니죠?"라고 물었다.

### 함께 생각해 보기

- 왜 상호는 여자는 운전을 못 한다고 생각했을까?
- 남녀의 역할 구분이 있는 건 무엇일까?
- 준호는 왜 상호에게 여자도 운전하는 것이라고 말을 못 했을까?

> Tip
> 일을 하는 데 있어 남녀 간에 역할의 차이가 없음을 알게 한다. 직업은 자신의 취향과 역량에 따라 선택하는 것임을 알게 한다.

### 사례 5 "조금 다를 수도 있어."

만4세반 교실에 장애아동 혁진이가 활동 도중이나 여러 가지 상황에서 갑자기 괴성을 지른다거나 보통 아이들과 다른 행동을 한다.

몇 달 후 교실의 다른 유아들이 장애아동의 행동을 따라 하며 서로를 보고 웃으며 장난을 하였다. 교사가 그 모습을 말없이 바라보자 유아들이 아무 행동도 하지 않은 것처럼 하다가 슬그머니 자리를 이동하였다.

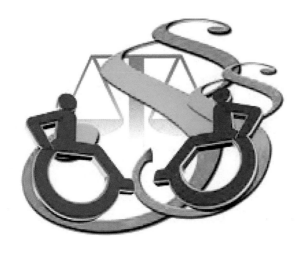

#### ◤ 함께 생각해 보기

■ 혁진이는 왜 그런 행동을 하는 걸까?

■ 친구들은 왜 혁진이가 하는 행동을 따라 하면 안 되는 걸까?

■ 친구들은 혁진이가 특이한 행동을 했을 때 어떻게 해야 할까?

> Tip 장애아동의 행동이 나와 다르다고 놀리거나 흉내내어서는 안 되며, 친구로서 도와야 하는 이유와 도울 수 있는 방법에 대해 알아본다.

**"선생님은 여자만 할 수 있어."**

　역할영역에서 선생님 놀이를 하려고 한다. 민수가 "친구들 모두 자리에 앉아요." 라고 선생님 흉내를 낸다. 이 모습을 본 미희가 "왜 네가 선생님이야?"라고 묻자 민수가 "내가 커서 선생님이 되고 싶어서 미리 해보는 거야."라고 했다.

　이 말은 들은 미희가 "선생님은 여자가 하는 거야."라고 하자 민수는 "나는 선생님이 되고 싶은데 어떻게 하지?"라고 했다.

▲ **함께 생각해 보기**

■ 여교사가 많은 것에 대해 어떻게 설명해야 할까?

■ 장래 희망이 선생님이라는 민수에게 어떤 말을 해주어야 할까?

■ 선생님은 여자만 할 수 있다는 미희에게 어떤 말을 해주어야 할까?

　Tip　교사 직업에 대하여 여성들이 많이 지원하기 때문에 나타나는 현상일 뿐, 현재의 직업이나 앞으로 생길 직업에 대하여 남녀 구분이나 차별이 없음을 인식시킨다.

## 사례 7    "너는 키가 작으니까 아기 해!"

3월에 입학하여 유치원생들이 모두 모여 처음 만났다. 진이는 또래 친구들보다 키와 몸집이 작다. 키와 몸집이 큰 편인 종호는 진이에게 "너는 왜 이렇게 키가 작아? 선생님! 진이는 동생이에요?"라고 묻자 옆에 있던 진이는 "나도 다섯 살이야." 라고 말한다.

역할놀이 중에 진이는 "난 엄마 하고 싶어."라고 하자 종호는 "너는 키가 작으니까 아기 해."라고 한다. 진이는 잠시 머뭇거리다가 수긍하며 활동이 이루어진다.

### ▲ 함께 생각해 보기

- 현재의 신체가 크다고 해서 앞으로도 계속 크게 되는 것일까?
- 튼튼하고 올바른 성장을 위해 어떻게 해야 할까?

> **Tip**
>
> 유아의 신체는 계속해서 성장하므로 현재의 신체에 대한 편견을 가지지 않도록 하며, 튼튼하고 올바른 성장을 위해 어떻게 해야 할 것인지를 알려준다.

**"내가 먼저 할게!"**

만3세 반에서 종범이는 인지·언어 발달이 빠른 편이다. 같은 반인 순철이는 유난히 종범이를 좋아한다. 오늘도 조작영역에서 활동을 함께하고 있다.

주사위를 던져 칸을 이동시키는 게임이다. 종범이가 순철이에게 "내가 먼저 할게."라고 하고 주사위를 던진다. 순철이는 말없이 게임을 진행한다.

점심식사를 먼저 마친 순철이가 쌓기영역에 이름표를 붙인다. 조금 늦게 식사를 마친 종범이가 쌓기영역에 갔는데 이름표 붙일 자리가 없자 순철이에게 다가가 "너 나랑 놀기 싫지? 나 너랑 안 놀아"라고 말하고서 언어영역에 이름표를 붙인다.

순철이가 어쩔 줄 몰라 하며 쌓기영역에서 이름표를 떼어 언어영역에 붙이고 종범이 옆자리에 앉자 종범이는 교구를 교구장에 넣고 언어영역에서 이름표를 떼어 쌓기영역에 이름표를 붙이고 활동을 한다. 순철이는 종범이를 바라만 보고 있다.

◤ 함께 생각해 보기

■ 종범이와 순철이는 각각 어떤 성격을 가졌다고 생각하는가?
■ 교사는 종범이와 순철이에게 어떤 조언을 해야 하는가?

| Tip | 유아일수록 월령에 따라 발달의 차이가 클 수 있으므로 발달이 조금 느린 친구에 대한 배려를 말해 준다. |

사례 9
## "다른 것도 잘할 수 있어."

한 유아가 그림을 잘 그려서 상을 받게 되었다. 모든 유아가 그 상을 부러워하기 시작했다. 그때, 상을 받지 못한 유아들이 "나는 그림을 못 그려서 상을 받을 수 없어."라고 하면서 속상해했다.

그러자 지켜보던 교사가 "대신 윤희는 친구를 잘 도와주니까 친절상을 줄게요. 또 대수는 달리기를 잘하니까 달리기상을, 인경이는 노래를 잘 부르니까 꾀꼬리상을 줄게요."라며 모든 어린이가 잘하는 부분을 찾아 상을 주기 시작하였다.

### 함께 생각해 보기

■ 교사로서 유아 개개인의 특성을 정확하게 파악하고 있나요?

■ 유아가 가진 특성들을 어떤 방법으로 격려해 줄 수 있나요?

> Tip
>
> 유아 개개인의 특성을 파악하고 다양한 방법의 격려를 통하여 유아들에게 자긍심과 자신감을 느끼게 하여 자신의 특성을 더욱 살리는 노력을 기울이게 한다.

## 교육 받을 권리

유아는 교육 받을 권리가 있음을 안다.

## 사례 1    애들이 다 그렇지 않나요?

만4세 민철이가 교실 블록을 가방에 넣어갔다. 다음 날 등원 때 할머니가 유치원 물건이라면 교사에게 돌려주었다. 이후로도 민철이는 교실의 블록을 가방에 넣어갔다.

어느 날, 담임교사가 어머니와 통화하면서 자연스럽게 블록 이야기를 꺼냈다.

"민철이가 교실에 있는 블록을 집에 가져가는 것 같아요."

"그럼 우리 아이만 그런 건 아니죠? 똑같이 하는 아이가 있죠?"

"아니에요. 어머님, 아이들은 유치원 물건을 가져가더라도 다음 날 꼭 가져오고 반복해서 가져가지는 않습니다."

"그럼 우리 아이만 반복해서 가져간다는 건가요? 애들이 다 그렇지 뭘 그런 걸 가지고…. 그게 그렇게 큰일이고 잘못된 건가요?"

## 함께 생각해 보기

- 유아의 행동은 왜 반복되는 걸까?
- 내가 아이의 엄마 입장이라면 어떻게 할까?
- 교사는 유아와 어머니에게 어떻게 해야 할까?

> **Tip**
>
> 유아가 자신의 행동에 대해 생각해 보고, 바르게 행동할 수 있도록 돕는다. 부모교육을 통해 자기 아이 행동을 합리화하려 하지 말고 교육적인 방법을 찾도록 한다.

**"집에서 하지 마."**

만5세 인경이는 활동에 집중하지 못한다. 조금 집중하는가 싶으면 바로 옆 친구와 장난을 하거나 자리를 이탈한다. 가정에서 해야 하는 작은 활동도 해오지 않고 변명한다.

"엄마가 동생 때문에 집에서는 하지 말래요"

교사는 여러 번 인경이에게 이야기했다.

화장실에서는 단짝 친구와 이야기하느라 맨 마지막에 교실로 돌아간다.

어느 날, 원장과 동료교사들에게 도움을 청하고자 동영상을 촬영했다. 모두 함께 영상을 보고 인경이를 도울 방법을 이야기했다. 부모님께 연락하여 상담과 함께 동영상을 보여주었다.

▶ 함께 생각해 보기

- 왜 인경이는 집중을 하지 못할까?
- 어머니로부터 집에서 하지 말라는 말을 들은 인경이는 어떤 마음일까?
- 교사는 인경이와 어머니에게 어떻게 해야 할까?

Tip 자신이 어른으로부터 존중받고 있음을 알 수 있도록 하고 또래 간의 토의를 통해 우리가 존중받고 있다는 것을 인식하게 한다.

## 사례 3   부모에게 아이 앞에서 부적응 행동을 전달하는 교사

하원하는 버스 안. 만4세 도준이가 겉옷을 벗어서 앞에 앉은 친구들을 향해 휘두르며 놀았다. 앞에 앉은 유아가 다칠 수도 있는 상황이라 교사가 주의를 시켰지만 무시하고 계속 행동을 반복한다.

교사가 행동을 제지하기 위해 도준이의 옷을 가져간다. 그러자 "돌려줘요~" 하며 도준이는 돌려줄 때까지 떼를 썼고 교사는 울음을 멈추고 친구들에게 사과하면 그때 돌려주겠다고 한다. 하지만 돌려달라고 계속 떼를 쓰며 우는 도준.

다음날 교사는 도준이 어머니를 유치원에 오시라고 하여 도준이가 보는 앞에서 부적응 행동을 이야기했다.

▲ 함께 생각해 보기

- 도준이는 왜 부정적인 방법을 계속 사용할까?
- 교사가 자신의 부정적인 행동을 어머니에게 전할 때, 도준이는 어떤 기분이었을까?
- 교사가 도준이와 어머니에게 해야 할 바람직한 행동은 무엇일까?

> Tip
>
> 유아에게는 언제 어디서든 하고 싶은 행동을 마음대로 할 수 없음을 인식시키고 교사는 유아 인권을 고려하여 유아가 없는 곳에서 어머니와 상담한다.

## 즐겁게 놀 수 있는 권리

유아는 자유롭게 놀 권리가 있음을 안다.

## 사례 1  비밀 이야기

자유선택 활동시간에 여자아이들이 책상 앞에 모여 종이에 그림을 그리고 있었다. 몇몇 유아들은 같은 그림을 그릴 것이라며 친구들이 그리는 것을   따라 그리며 활동을 하였다.

그때, 재희가 다은이의 귀에 대고 이야기를 하였다. 그것을 본 미영이는 "왜 너희끼리 비밀 이야기를 해?"라고 하자 재희는 "넌 몰라도 돼."라고 했다. 기분이 상한 미영이는 눈물을 글썽거렸다.

◢ 함께 생각해 보기

■ 친구의 귀에 대고 말하는 것은 잘못된 행동일까?

■ 다른 친구가 나만 듣지 못하게 이야기를 하면 기분이 어떨까?

■ 여러 친구들이 있는 자리에서는 다같이 들을 수 있게 이야기하면 어떨까?

Tip  유아에게는 '소외당한다.'는 것의 의미를 구체적으로 알게 한다. 친구들과 사이 좋게 지내기 위해 무엇을 실천해야 하는지 알고 배려하는 마음가짐을 갖출 수 있도록 지도해야 한다.

다른 친구들보다 발달이 늦어 말이 늦고 기본 생활 습관이나 여러 규칙을 이해하지 못하는 창수가 있었다. 창수의 키는 컸지만, 친구의 물건을 가져가면 안 된다는 것을 몰랐고 말이 늦어 의사소통도 잘 안 되었다.

"창수는 아무 것도 몰라! 맨날 괴롭히기나 하고!"

점점 교실에서 창수가 소외되는 것이 느껴졌다.

### 함께 생각해 보기

■ 친구가 잘 못 하는 게 있으면 놀리고 무시해야 할까?

■ 내가 잘하지 못하는 것을 친구들이 놀리면 어떤 기분이 들까?

■ 친구가 잘 모르는 것을 내가 알고 있다면 어떻게 할까?

Tip 사람마다 잘 아는 것도 있고 모르는 것도 있음을 설명해주어야 한다. 한창 자라는 유아는 서로 자라는 속도가 다를 수 있음을 인식시킨다. 내가 아는 것을 알려주고 내가 모르는 것을 친구가 알려줄 수 있음을 이해시킨다. 서로 다름을 포용하는 마음을 가지도록 도와준다.

사례 3  **나의 권리 표현하기**

숲 활동에서 숲 속 빙고를 하였다. 팀을 정하여 빙고판을 만든 후, 자연물을 찾아 빙고 칸을 채우기로 하였다.

빙고판을 만드는 중에 민규가 "야, 이거 아니야!"라고 하며 빙고판을 만드는 여자 친구 두 명에게 "왜 너희끼리만 하려고 해?"라고 했다. 그러자 두 여자 친구가 "너는 못 만들잖아! 우리가 할 거야!!"라고 하였다. 잠시 후 민규는 두 여자아이가 빙고판 만드는 것을 지켜만 보았다.

◢ 함께 생각해 보기

■ 만약 내가 여자아이라면 어떻게 행동을 했을까?

■ 같이 활동을 해야 하는데 제각기 행동한다면 어떤 일이 벌어질까?

■ 빙고판은 교사가 만들어 주고 유아는 자연물 찾기만 했더라면 어땠을까?

Tip  서로가 같이 하는 활동임을 알려주고 만들기를 어려워하는 친구에게 부드러운 목소리로 만드는 방법을 설명해주며 함께하는 즐거움을 느낄 수 있도록 지도해야 한다.

## "그냥 장난이야."

유아들이 쌓기영역에서 블록을 쌓으며 성을 만들고 있다. 성을 쌓아가며 만들던 도중 윤섭이가 성의 꼭대기가 될 종이블록을 집어들고 쌓아진 성벽으로 던져서 성을 넘어뜨린다.

다른 유아들이 윤섭이에게 "그렇게 하지 마! 우리가 만든 거야!"라고 하자, 윤섭이는 "그냥 장난이야."라고 한다.

### ▶ 함께 생각해 보기

- 내가 성을 쌓은 유아의 입장이라면 어떻게 행동했을까?
- 성을 무너뜨린 윤섭이는 어떤 생각으로 그러한 행동을 하였을까?
- 교사는 성을 무너뜨린 윤섭이에게 어떻게 해야 할까?

Tip | 친구들과 함께 놀이할 때에 지켜야 할 약속을 다시 알려주고 다른 친구의 작품을 존중하는 마음을 갖게 한다.

## 사례 5 　"내가 무조건 맨 앞이야."

　이동수업을 위해 한 줄로 서서 나갈 준비를 하는데 재민이가 뒤에서 뛰어오며 다른 친구들을 밀기 시작하였다.

　친구들이 "왜 밀어!"라고 불평을 하자 재민이가 웃으면서 친구들을 계속 밀며 교사가 서 있는 곳까지 나왔다.

　교사가 "재민아! 줄을 바르게 서야지. 재민이는 친구들보다 늦게 왔으니 뒤에 서야 한단다."라고 하였다.

　그러자 재민이가 활짝 웃으며 교사의 다리를 몸으로 껴안았다. 교사가 재민이를 데리고 자리를 옆으로 이동하여 앞서 한 말을 다시 반복하자 재민이는 눈물을 보이며 "내가 맨 앞이야. 일등하고 싶어요!"라고 하였다.

### 함께 생각해 보기

- 질서는 왜 필요한 것일까?
- 만약 입장을 바꿔서 다른 친구가 이런 행동을 한다면 재민이의 기분은 어떨까?
- 교사는 재민이에게 어떻게 해야 할까?

Tip　무조건 앞에 서는 것이 중요한 것이 아니라 질서와 규칙을 잘 지키는 것이 중요함을 일깨워준다.

소현이와 현정이가 미술영역에서 함께 놀이한다. 현정이가 접고 있는 색종이를 소현이가 말없이 가져가 가위로 자른다.

현정이가 소현이에게 "너 나빠, 너랑 안 놀아!"라고 하자 그 말을 들은 소현이가 교사에게 다가와 "선생님 현정이가 나랑 안 놀아 준대요."라며 운다.

교사는 현정이를 불러 "현정아, 친구 속상하게 왜 안 논다고 했어? 가서 사과하고 안아주면 좋겠어."라고 했다. 그러자 현정이가 울음을 터뜨린다.

### 함께 생각해 보기

- 교사는 왜 소현이 말만 듣고 상황을 정리했을까?
- 올바른 갈등해소 방법은 무엇일까?
- 아이들의 의견을 각각 들어본 다음에 문제를 해결하고 갈등 상황을 중재하는 방법에는 어떤 것이 있을까?

Tip

아이가 문제 상황을 제시했을 때 교사는 한 유아의 말만을 듣는 것이 아니라 두 아이를 함께 불러 서로의 이야기를 들어본 후 각자의 입장에서의 마음을 이해해 주고, 함께 갈등을 해소하는 방법을 찾거나 화해할 수 있는 여건을 만들어 준다.

## 사례 7  분노조절을 못 하는 유아

만4세인 병철이가 평소보다 1시간 30분 늦게 등원했기 때문에 놀이시간이 충분하지 못했다.

병철이는 놀이를 마무리하고 정리하는 시간에 "난 많이 못 놀았단 말이야!" 하고 떼를 쓰며 왔다갔다 한다. 그러다가 손에 잡히는 물건이 있으면 집어던지기까지 한다.

### 함께 생각해 보기

- 병철이의 놀고 싶은 마음은 이해하는가?
- 병철이는 할 수 있는 행동과 할 수 없는 행동을 구분하는가?
- 병철이처럼 화난 마음을 조절하는 방법에는 어떤 것이 있을까?

> **Tip**
> 공동생활에서 지켜야 할 규칙이 있음을 알게 한다. 화가 났을 때는 어떻게 다스려야 하는지 유아들과 의논해 미리 방법을 정한다.

**나쁜 상황에서 늘 지목 당하는 유아**

자유선택 활동영역에서 사용하는 한 유아의 이름표가 없어졌다. 친구들은 "선생님, 준호가 이름표를 숨겼어요."라고 하자 준호는 "내가 이름표 안 숨겼어"라고 강하게 부인했다.

그러자 주변에 있는 친구들은 다시 한 번 "네가 이름표 숨겼잖아?"라고 확신에 찬 큰 목소리로 이구동성 말한다.

함께 찾아보자는 교사의 의견에 유아들은 이름표를 함께 찾아보았고 이름표는 교구장 밑에서 발견되었다.

잠시 후 준호가 지나가던 대현이와 살짝 부딪혔다. 대현이는 "선생님, 준호가 방금 나를 때리고 지나갔어요."라고 하자 상황을 지켜본 교사는 "선생님이 보니까 살짝 부딪힌 것 같은데 교실 안에서는 부딪힐 수도 있어"라고 했다. 그러자 대현이는 "아니에요. 세게 때리고 갔어요."라고 다시 한 번 말한다.

◢ 함께 생각해 보기

■ 왜 친구들은 준호가 이름표를 숨겼다고 했을까?

■ 교구장에서 발견된 이름표를 보고 준호와 친구의 느낌은 어땠을까?

■ 교사는 준호와 친구에게 어떤 조언을 해야 할까?

> Tip  아무런 근거 없이 친구에게 잘못을 뒤집어 씌우는 것은 잘못된 것임을 알려준다. 이런 잘못을 한 경우에는 그 친구에게 사과하도록 하고 그 친구도 사과를 너그럽게 받아들이도록 말해 준다.

## 사례 9 　놀이시간에 참여하지 않는 유아

　다빈이는 유치원의 놀이시간에 흥미를 느끼지 않는다. 그냥 앉아 있거나 때로는 유치원에 있는 장난감을 만지작거린다. 그러다가 놀이시간이 끝나면 참여하지 못한 것이 속상하고 억울한지 울기도 하고 장난감을 집어던진다.

　선생님은 놀이시간이 되면 다빈이에게 적극적으로 참여하기를 권하지만 개선될 기미가 보이지 않고 점점 외톨이가 되는 것 같아 안타깝기만 하다.

### 함께 생각해 보기

■ 놀이시간에 참여하지 않는 다빈이의 기분은 어떨까?

■ 다빈이가 놀이에 참여하지 않는 이유는 무엇일까?

■ 선생님은 다빈이의 놀이시간 참여를 위해 앞으로 어떻게 해야 할까?

> **Tip**　다빈이에게 놀이의 중요성을 말해주고 놀이시간에 다빈이의 적극적인 참여를 유도한다. 또한 부모님과 상담을 통해 어떤 특별한 이유가 있는지 파악하고 근본적인 개선책을 마련한다.

## 자유롭게 표현할 수 있는 권리

유아는 자신의 느낌과 의견을 표현할 기회가 있음을 안다.

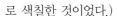
**사례 1** **"나는 노을을 보았어요."**

이야기 나누기 시간에 친구들과 가을 풍경에 대해 자유롭게 말하고 있다. 지영이가 손을 들고 "그런데 나는 강아지가 좋아요."라고 주제와 벗어나는 이야기를 한다. 교사는 지영이에게 퉁명스럽게 "지영아, 지금은 가을 풍경에 관해 이야기 하고 있어요. 강아지 이야기를 왜 해요?"라고 하며 지영이의 의견을 무시한다.

이야기 나누기 활동을 마무리하고, 연계 활동으로 넘어가 가을 풍경을 그리기 시작한다. 다른 아이들과 달리 지영이가 하늘을 주황색으로 색칠한다. 교사는 지영이에게 다가가 지영이의 생각은 듣지도 않은 채 "왜 하늘이 주황색이야? 하늘색으로 해야지. 다시 색칠하세요."라고 한다. (지영이는 저녁노을을 보고 하늘을 주황색으로 색칠한 것이었다.)

▲ **함께 생각해 보기**

■ 많은 사람은 왜 하늘을 하늘색으로만 색칠해야 한다고 할까?

■ 교사는 자기 생각을 자유롭게 표현하는 아이의 생각을 왜 인정하지 않았을까?

■ 자기 생각을 들어주지 않는 교사에게 지영이는 어떤 생각을 했을까?

**Tip** 유아가 아무런 제약 없이 자기 생각을 자유롭게 말하고 표현할 수 있도록 격려한다.

**"나 상장 없어요."**

발표회가 끝나고 모든 유아에게 상장이 전달되었다. 교사는 "최선을 다해 발표한 우리 아이들이 한 명도 빠짐없이 상을 다 받았습니다. 격려와 칭찬의 박수 부탁합니다." 하고 미소를 지으며 말했다.

그런데 발표회를 보러온 부모들이 돌아간 후 한 아이가 "선생님, 나 상장 없어요."라고 말했다. 그러자 선생님이 깜짝 놀란 표정을 지으며 말했다.

"어머, 그래? 미안해. 말해줘서 고마워. 선생님이 준비해 올게."

상장을 준비해서 상장을 학급에서 친구들이 보는 앞에서 전달하였다. 아이의 얼굴에 미소가 번졌다.

제 호

# 상 장

최우수상                           한양유치원

위 어린이는 지구촌의 고통받는 어린이들에게 사랑과 희망을 전하기 위해 굿네이버스가 주최하는 제 3회 지구촌나눔가족 '가족그림편지쓰기대회'에 적극 참여하여 우수한 성적을 거두었기에 이 상장을 수여합니다.

2014년 12월 12일

한국유치원총연합회 회장 이 경자

---

### ▶ 함께 생각해 보기

■ 상장을 받지 못한 아이가 말하지 않았다면 어떻게 됐을까?

■ 교사가 "미안해. 고맙다"고 한 이유는 무엇인가?

■ 나만 상을 못 받은 상황을 상상하면 어떤 마음일까?

> **Tip** 유아는 자신의 권리를 당당하게 이야기하고, 교사는 유아에게 마음의 상처를 주었을 때 잘못을 인정하고 더욱 격려해 주는 자세를 가진다.

유아 권리 길라잡이

사례 3    "나도 그림을 잘 그리고 싶어요."

모둠그리기 활동시간이었다. 영희는 그림을 잘 그리고, 꼼꼼하게 색칠도 잘 하지만 대철이는 표현력이 부족하다. 교사는 영희에게 "너는 그림을 잘 그리니까 여기다 본을 뜨고, 색칠을 하고, 더 하고 싶으면 바탕도 칠해도 좋아요. 그리고 대철이는 여기 구름 하나만 색칠 해주세요."라고 말했다.

그러자 대철이가 "나도 영희처럼 그리고 싶어요."라고 하자 교사는 "아니야, 대철이는 구름만 색칠하고 가서 놀아요."라고 했다. 대철이는 색연필을 내려놓고 얼굴을 색칠하고 있는 영희의 모습을 물끄러미 쳐다보았다.

◢ 함께 생각해 보기

- 선생님은 왜 영희에게 더 많은 색칠을 하라고 했을까?
- 잘하지 못한다고해서 하고 싶은 것을 못하게 된 대철이 마음은 어땠을까?
- 그림을 잘 그리지 못하는 대철이 모둠그리기 활동에서 자신의 다른 장점을 살려 참여할 수 있는 방법은 무엇이 있을까?

Tip
유아가 못한다고 활동을 위축시킬 것이 아니라 실수를 하고 잘하지 못하더라도 격려하면서 앞으로 점점 잘해 나갈 수 있도록 한다.

## 건강과 안전을 누릴 수 있는 권리

유아는 보호와 존중 속에서 성장함을 안다.

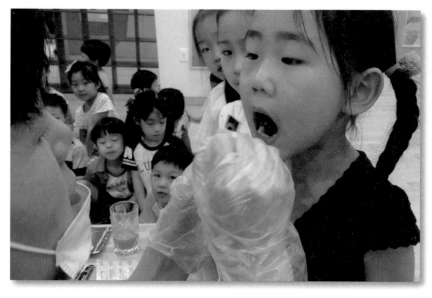

사례 1    **"선생님이 오지 않아 무서웠어요."**

성연이가 교사에게 "선생님, 배가 아파요."라고 말하며 화장실에 간다. 성연이는 볼 일을 본 후 "선생님, 나 응가 다 했어요. 닦아주세요."라고 큰 소리로 말한다. 교사는 활동지를 점검하며 "성연아, 물 내리고 기다리고 있어."라고 한다.

활동지를 점검하느라 성연이가 화장실에 간 것을 잠시 잊고 있던 교사가 다급히 화장실에 가보니 성연이가 울고 있다. 교사는 "성연아 왜 그래?"라고 말하자 성연이는 "선생님을 계속 불렀는데 선생님이 안 와서 무서웠어요."라고 한다.

▶ 함께 생각해 보기

■ 성연이는 화장실에서 교사를 기다리며 무슨 생각을 하고 있었을까?

■ 교사는 화장실에 간 성연이와 자신이 하던 활동지 점검 중 어느 것을 먼저 해야할까?

■ 교사는 성연이를 어떻게 달래야 할까?

Tip   교사는 아이들이 하는 말에 귀를 기울이고 스스로 할 수 없는 것에 도움을 요청했을 때는 즉각적인 반응으로 아이 의견을 존중해주어야 한다.

**사례 2** "이거 맛이 없어요."

편식이 심한 효종이는 유치원 식사시간에 먹는 시늉만 하고 대부분 남긴다. 지켜보던 교사가 "효종아, 음식을 골고루 먹어야 건강해지는 거야."라고 권유해보지만, 효종이는 "선생님, 맛이 없는데 어떻게 먹어요. 난 이런 거 안 좋아해요. 고기가 맛있어요."라고 한다.

### 함께 생각해 보기

■ 효종이는 왜 유치원 식사를 좋아하지 않을까?

■ 편식이 심한 효종이에게 교사는 어떻게 해야 할까?

> **Tip** 유아가 건강하게 자라기 위해서는 음식을 골고루 먹어야 하며, 적절한 운동을 할 수 있도록 한다.

유아 권리 길라잡이

## "선생님이 그런 거 아니에요."

지민이는 쌓기영역에서 친구들과 '터닝메카드' 놀이를 하던 중 "변신! 공격!" 하고 소리를 지르며 옆에 있는 친구 장혁이를 공격하였다. 장혁이도 "공격!" 하며 지민이를 세게 밀쳤다.

지민이가 넘어지며 책상에 부딪혀 이마에서 피가 났다. 병원에 도착한 어머니가 교사에게 화를 내자 지민이는 "엄마, 선생님이 그런 거 아니에요, '터닝메카드' 놀이했어요."라고 말했다.

▎ 함께 생각해 보기

- 놀이활동을 하면서 공격적인 행동은 왜 일어났을까?
- 지민이는 왜 선생님이 그렇게 한 것이 아니라고 했을까?
- 교사와 어머니는 어떤 이야기를 나누어야 할까?

| Tip | 또래들 가운데서도 유난히 활동적인 유아가 있다. 친구들과 놀 때 지나친 장난은 뜻하지 않게 서로를 다치게 할 수 있으니 조심하도록 가르친다. |

유치원에 등원한 단비는 감기 때문에 "콜록콜록" 기침을 계속했다. 그러면서도 수업과 놀이시간에 친구들과 잘 어울려 놀았다. 그런데 시간이 갈수록 기침이 더욱 심해졌다.

원아 중에서 "단비가 기침을 심하게 해요. 우리에게 옮으면 어떻게 해요?"라고 말했다. 단비는 미안한 표정을 지으며 가방을 챙겨 집으로 가려고 했다.

### ▲ 함께 생각해 보기

- 기침을 하는 유아가 유치원에 등원하면 어떻게 해야 할까?
- 감기가 옮으면 어떡하느냐는 원아에게는 어떻게 말해야 할까?
- 감기 때문에 먼저 집에 가야하는 단비의 마음은 어떠할까?
- 단비가 먼저 집으로 간다고 말하면 어떻게 해야 할까?

Tip
단비에게 몸을 낫게 하는 것이 중요하다고 말한다. 상태를 보아 마치는 시간까지 양호실이나 다른 교실에서 휴식을 취하게 하고, 부모님께 연락하여 치료를 받을 수 있게 한다.

유아 권리 길라잡이

## 사례 5   안전띠를 매지 않는 유아

병우는 등원하고 하원하는 유치원 차안에서 안전띠를 매지 않으려고 한다. 선생님이 "모두 안전띠를 매세요."라고 말을 하지만 매지 않아서 선생님이 직접 매어주기도 한다. 하지만 차가 출발하고 나면 어느새 안전띠를 풀어버린다.

선생님이 "왜 안전띠를 매지 않으려고 해?"라고 물으면 "갑갑해서요. 고속도로 타고 멀리 가는 것도 아니잖아요."라고 말한다.

그러던 어느 날, 차가 신호등에서 급정거하자 안전띠를 매고 있지 않던 병우가 찰과상을 입었다. 차가 출발할 때에는 안전띠를 매게 했지만 어느새 안전띠를 스스로 풀어버린 것이었다.

#### 함께 생각해 보기

■ 안전띠를 매지 않으려는 병우에게 어떻게 해야 할까?

■ 안전띠를 매지 않아 찰과상을 입은 병우는 어떤 생각을 할까?

■ 선생님은 찰과상을 입은 병우에게 어떻게 해야 할까?

> **Tip**  안전띠를 무조건 매라고 하기보다는 안전띠를 매는 것이 왜 중요한지를 알려주고 유아들이 승차하고 있을 때는 수시로 안전띠를 매고 있는지를 점검한다.

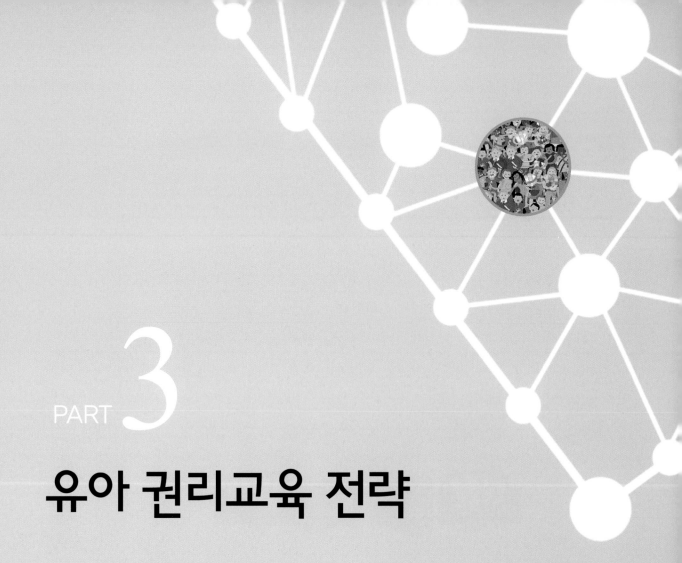

PART 3

# 유아 권리교육 전략

교사 교육

부모 교육

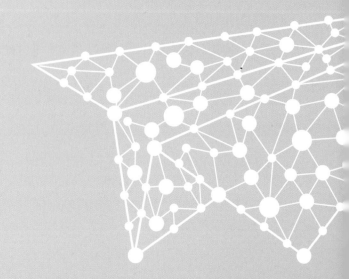

# 교사 교육

## ❖ 공감하기

유아 권리에 대한 이해를 통해 교육 현장에서 아동학대 및 인권이 침해당할 수 있는 여러 상황에서 유아들이 보호받을 수 있는 방법을 안내하는 교육이다.

- 공감(共感)의 사전적 의미는 타인의 의견이나 주장, 감정 등에 대하여 자신도 그렇다고 함께 느끼는 의미다.
- 본인 스스로 경험하지 않은 상황에서도 타인의 느낌과 생각을 이해하며 함께 느끼고 예측하며 수용하는 능력이다.

공감은 이심전심의 의미로 '아, 그럴 수도 있겠다.'라고 느끼거나, '이해가 된다.'는 말로 타인의 마음 상태와 표현되는 행동들을 진심으로 이해하는 것을 뜻한다. 이러한 공감의 개념은 배려의 관계에서 가장 기초가 되는 마음의 감정으로, 배려하는 행위의 동기화를 제공한다.

당신은 어떤 사람인가요? 해당하는 문항에 표시해 보세요.

☐ 나는 다른 사람의 이야기 속에 숨은 뜻을 쉽게 알아차린다.

☐ 나는 다른 사람과 처지를 바꿔 생각하는 것이 별로 어렵지 않다.

☐ 사람들은 내가 자기주장이 너무 없는 편이라고 이야기한다.

☐ 나는 동물이 고통받는 것을 지켜보는 것이 괴롭다.

☐ 나는 다른 사람이 나의 행동에 대해 어떻게 느끼는지 잘 안다.

☐ 나는 대화할 때 내 생각보다는 상대의 생각에 더 집중하는 편이다.

☐ 나는 모임에서 어떤 사람이 어색해하거나 불편해하는지 잘 안다.

☐ 나는 어떤 결정을 할 때 상대방의 기분을 먼저 고려한다.

☐ 나는 TV에서 사람들이 고통받는 것을 보면 마음이 아프다.

☐ 친구들은 내게 자신의 문제에 대해 자주 이야기하고 도움을 청한다.

☐ 나는 다른 사람의 감정을 직관적으로 쉽게 느끼는 편이다.

☐ 나는 동의하지는 않더라도 다른 사람의 관점을 인정한다.

해당하는 문항이 몇 개인지 보고 당신의 공감 수준을 알아보세요.

• 4개 이하인 당신은 자연을 느끼고 자신을 돌아보는 시간이 필요합니다. 상대방의 입장이 되어 생각해보는 공감 연습을 하면 좋을 것입니다.

• 5~7개인 당신은 자신의 의견을 주장하기보다는 상대방을 사랑하는 마음으로 이야기를 들어주는 공감 연습이 필요합니다.

• 8개 이상인 당신은 공감지수가 높아서 주위 사람을 위로하고 도울 수 있는 사람입니다.

– 소통하는 세상을 위한 인성 공감(교육과학기술부 발간등록번호11-1341000-002039-01)

> ■ 배려는 세심한 관심을 가지고 타인을 보살펴주고 도와주는 것이다.
>
> ■ 기본적으로 타인과의 관계 속에서 필요와 요구에 따라 여러 가지 마음을 써서 공감해 주는 것이다.

배려는 더불어 살아가는 과정에서 너와 내가 경쟁하는 것이 아니라 함께 공존하는 삶을 지향한다. 타인과 공감하는 마음과 태도를 말하며, 놀이 속에서 양보를 경험하고 가족, 친구와 이웃, 자연 속에서 배려를 경험하게 된다.

너의 입장에서 공감하고 나의 입장에서 배려를 실천하는 경험이 많아지게 된다면 다른 사람들과 더불어 세상을 살아갈 때 따뜻한 사회가 될 수 있다.

 **활동 1** 친구 표정 따라하기

● 인권교육 관련 목표 : 자기존중
● 인권교육 내용 요소 : 의사표현의 자유
● 활동목표 : 자신과 친구의 다양한 정서를 인식하고 그에 따른 표현을 해보면서 상대의 입장을 이해하기
● 활동내용 : 동화책이나 잡지 등에 나와 있는 표정들을 친구와 함께 따라해보고 친구와 마주 앉아 표정에 따른 의견을 표현해보기

 **활동 2** 안아주기(HUG)

● 인권교육 관련 목표 : 타인존중
● 인권교육 내용 요소 : 인간으로서의 존엄성
● 활동목표 : 타인과의 신체적 상호작용을 통해 공감능력을 배양한다.

● 활동내용 : 마주하여 안기, 허리 감아 안아주기, 어깨동무하기, 등 뒤에서 안아주기, 세 사람이 모여 안아주기를 통해 신체접촉을 하면서 '사랑해', '고마워', '미안해', '잘했어' 등의 이야기를 하거나 서로 토닥이며 쓰다듬어 준다

 **활동 3** 보살펴주기

● 인권교육 관련 목표 : 사회적 권리
● 인권교육 내용 요소 : 동 · 식물 보호권
● 활동목표 : 다양한 감정과 반응으로 동 · 식물들을 보살펴주며 공감능력을 기른다.
● 활동내용 : 동물 안아주기, 동물 먹이주기, 식물 물주기, 자연물 훼손하지 않기, 숲 체험 활동 후 자연물 두고 오기 등과 같은 나 아닌 다른 것을 돌보아 주는 행동들을 해본다.

 **활동 4** 웃음 명상

● 인권교육 관련 목표 : 자기존중 및 타인존중
● 인권교육 내용 요소 : 행복추구권
● 활동목표 : 웃음 명상을 통한 행복한 감정을 경험하며 정서적 통제력과 조절력을 기른다.
● 활동내용 : 하하, 호호, 히히 등 다양하게 웃고, 소리도 강약조절하며 내어보고, 오래 웃어보기, 친구들과 마주하고 웃기, 거울보고 웃기, 친구 따라 웃어보기 등을 함께 해본다.

 **활동 5** 다툼 해결하기

● 인권교육 관련 목표 : 타인존중
● 인권교육 내용 요소 : 민주적 절차
● 활동목표 : 또래들과 다투는 상황에서 자신의 감정을 이해하고 친구와의 공감능력을 기른다.
● 활동내용 : 감정 카드를 보여주며 자신을 포함한 타인의 생각이나 느낌에 대한 예측 등을 이야기 나눈다. 감정을 기쁨이나 슬픔의 정도 순으로 나열해 본다.

교사는 유아들과 의사소통할 때, 유아를 인정하고 신뢰하는 말들과 가능하면 구체적인 말로 칭찬과 격려를 해준다.

〈긍정적 정서를 나타내는 의사 표현〉

| 고마워 | 행복해 | 기쁘다 | 편안한 |
|---|---|---|---|
| 기쁘다 | 흥미롭다 | 즐거운 | 평화로운 |
| 사랑해 | 기분이 좋다 | 신나는 | 자랑스럽다 |
| 반가운 | 멋지다 | 든든하다 | 뿌듯하다 |

〈부정적 정서를 나타내는 의사 표현〉

| 싫다 | 짜증내다 | 화나다 | 무섭다 |
|---|---|---|---|
| 슬프다 | 심심하다 | 미안하다 | 걱정되다 |
| 불쌍하다 | 힘들다 | 놀라다 | 속상하다 |

<칭찬과 격려를 나타내는 의사 표현>

| | | | |
|---|---|---|---|
| ~그렇구나<br>~그랬었구나 | 서율이가 생각한<br>방법이 좋을 것 같다. | 민수가 재미있어<br>하는 걸 보니까<br>선생님도 행복해 | 혜진이가 생각을 많이<br>하고 말하는 구나 |
| 지우가 도와줘서<br>선생님이 고마워 | 그렇게 한 건<br>정말 잘했어 | 영모는 잘 할 수<br>있을 거라 믿어 | ~해줘서 고맙구나 |
| 현철이가 생각한<br>방법이 좋았어 | 넌 그걸 충분히<br>해 낼 거야 | ~해서 완석이가<br>자랑스럽다 | 영수가 도와주는<br>모습을 보니 기쁘다 |

**Tip**

나 – 전달법과 공감 표현

1. 나 – 전달법 활용하기
 (1) 지금 어떠한 일이 일어나고 있는 상황을 설명한다. 네가 ~하면
 (2) 결과적으로 경험하는 나 자신이 느끼는 감정을 표현한다.
   나는~라고 느낀다.
 (3) 왜 그렇게 느끼는지 그 행동의 구체적 결과에 대해 설명한다. 왜냐하면~
   예 "네가 친구를 밀치는 것을 보니까 선생님은 걱정이 된다. 왜냐하면 친
   구가 다칠 수 있으니까"

2. 상대와 공감하기
 (1) "네가 ~을(를) 느꼈구나."
 (2) '때문에'라는 표현을 사용함으로써 시작한다.
 예 "현우네 집에 놀러간다고 했기 때문에 네가 설레는 감정을 느꼈구나."

〈활동지〉  얼굴표정 그리기

● 인권교육 관련 목표 : 자기존중
● 인권교육 내용 요소 : 교실에서의 규칙
● 활동목표 : 교실에서 놀이활동 시 규칙 지키기
● 활동내용 : 놀이영역별 활동 시 규칙을 지켰을 때의 표정과 규칙을 지키지 않았을
　　　　　　때의 표정을 그려 타인의 감정 알아가기

| 규칙을 지켰을 때 표정 | 규칙을 지키지 않았을 때 표정 |
| --- | --- |
|  |  |

이름 : _____          날짜 : _____

| 언어영역 | 표정<br>그리기 | 조작영역 | 표정<br>그리기 |
| --- | --- | --- | --- |
| 수영역 | 표정<br>그리기 | 과학영역 | 표정<br>그리기 |
| 오늘 나의 감정은? | | | |

# 내 마음 알아주세요

이름 : _____          날짜 : _____

● 기쁘고 신나는 표정에는 노란색으로, 화가 나고 속상할 때는 파란 색으로 색칠하세요.

● 한 번에 하나씩 얼굴을 가리키고 내 마음속에서 생각나는 말이나 표정을 느끼는 대로 말해보세요.

### ♣ 유아 권리

- 유아가 인간으로서 누려야 할 기본적인 모든 권리를 총칭하는 것이다.

- 유아는 자신의 권리를 보장받고 보호되어야 할 뿐 아니라 적극적인 권리 행사의 주체자, 인격체로서 인정받아야 한다.

- 유아는 독립된 인간으로서 스스로 참여하고 선택할 수 있는 다양한 자유와 권리가 보장되어야 하며 권리의 주체자로서 중요한 결정에 자신의 의견을 표현하고 참여할 특별한 권리가 있다.

### ♣ 참여

- 유아는 자신의 감정과 의견을 가진 권리 주체자로서 성장하는 존재임을 인정한다.

- 유아는 자신의 요구를 명확히 말하고 존중받고 그것을 통해서 책임 있는 권리 주체자로서 결정을 내릴 수 있다.

- 유아는 권리 주체자로서 알고 싶고 질문하고 싶어 하는 행동양식에 관해 결정할 수 있는 자유가 있다.

- 유아는 권리 주체자로서 타인과 갈등을 다루는 법을 익힐 수 있다.

- 유아는 민주적 절차를 통해 자신의 책임과 권리를 이해하고 인식하는 과정들을 경험해야 한다.

### 〈토의 활동안〉

1. 순서 지키기를 배우기 위한 소집단 토의하기

　**예** 인형을 먼저 가지고 놀고 싶어 한다.

　• 누가 먼저 가지고 놀 것인가에 대해 서로 이야기한다.
　• 순서 뽑기를 하자고 제안하고 또 다른 방법에 대해 의견을 나눈다.
　• 토의 내용과 합의된 사항을 요약한다.

2. 민주적으로 문제해결을 하기 위한 소집단 토의하기

　• 해결할 문제에 대해 조용히 생각한다.
　• 문제가 무엇인지에 대해 대화를 나눈다.
　• 생각하고자 하는 문제를 어떻게 해결할지 토의한다.
　• 문제해결을 위한 민주적인 방식을 선택한다.

|  | 정다운 |  |
|---|---|---|
| 이소망 | 공통된 토의 내용 | 박행복 |
|  | 김사랑 |  |

3. 진행 중인 토의에 적절하게 참여하도록 돕기

사례 | 친구들과 사이좋게 블록놀이를 하기 위한 활동에 대한 토의자료

## 〈유치원에서 참여활동을 위한 사회적 기술〉

민주주의적 권리를 통하여 유아들은 무엇을 느끼고 배울 수 있을까?

– 유아들은 교사의 공정성에 민감하다 –

공평 / 약속 / 평등 / 자유

| | | |
|---|---|---|
| • 자신의 의견 표현하기<br>• 문제 해결을 위해 참여하기<br>• 친구들의 말을 들어주기 | ➡ | • 책임감 발달<br>• 자율성 형성<br>• 자존감 향상 |

〈활동지〉

| 상황 예시 | – 혼자 놀고 싶을 때<br>– 내가 싫어하는 반찬이 나왔을 때 |
|---|---|

| 민주주의적 권리 |
|---|
| 공평, 약속, 평등, 자유 중 유아들이 선택하여 자신의 의견을 표현해보거나<br>행복한 표정 또는 언짢은 표정 그려보기 |

| | |
|---|---|
|  |  |

| 오늘 활동에서 느낀<br>점은 무엇인가? | |
|---|---|

## 다른 사람과 더불어 생활하기 – 사회적 가치를 알고 지키기

**상황** 우리 교실에서 정할 수 있는 약속과 규칙은 어떤 것들이 있을까?

(**예** 역할 / 블록 영역)

**활동명** 우리 반 규칙 정하기

● 활동목표 : 교실에서 활동 시 규칙은 지켜야 하는 것임을 안다.

우리 반에서 지켜야 하는 규칙에 관해 토론하여 목록을 작성한다.

우리 반 규칙 정하기

이름 : _____

| 교실 | 화장실 |
|---|---|
|  |  |

**활동명** 놀이활동 시 우리 반의 약속 지키기

● 활동목표 : 교실에서 활동 시 약속은 지켜야 할 것임을 안다.

우리 반에서 영역별 놀이활동 시 지켜야 할 약속을 정한다.

_____ 반의 약속은 어떤 것일까?

팀명 : _____

| 언어 영역 | 조작 영역 |
|---|---|
|  |  |
| 미술 영역 | 역할 영역 |
|  |  |

 영역별 놀이활동 시 함께 생각해 보기

■ 다른 반 영역별 놀이활동의 약속에는 어떤 내용들이 있을까?

■ 우리 반 영역별 놀이활동에서 정한 약속이 다른 반과 같은 점/ 다른 점은 무엇일까?

■ 약속은 왜 서로 다를까?

## ❖ 갈등해결 하기

---

**갈등해결 유래**

갈등(葛藤)이란 한자어가 있다. 여기서 '갈'은 칡을 뜻하고 '등'은 등나무를 뜻한다. 칡은 왼쪽으로 감아 올라가고 등나무는 오른쪽으로 대상을 따라 올라간다

① 일이나 사정이 뒤얽혀 화합하지 못함의 비유

② 서로 상치되는 견해 · 처지 · 이해 따위의 차이로 생기는 충돌

---

**건설적인 갈등해결의 특징**(Olson, 2000)

- 현재의 문제를 명확히 한다.

- 긍정적, 부정적 감정을 모두 표현한다.

- 있는 그대로의 정보를 제공한다.

- 사람보다는 문제에 초점을 둔다.

- 모두에게 책임이 있음을 인정한다.

- 유사성에 초점을 둔다.

- 변화를 추구한다.

- 두 사람 모두 이긴다.

- 갈등해결을 통해 친밀감이 높아진다.

- 신뢰가 형성된다.

**활동명** 나와 내 친구 모습

● 활동목표 : 나와 내 친구의 모습에서 특별한 모습과 닮은 점은 무엇이 있을까?

나와 내 친구의 특별한 모습

|  |  |
|---|---|
|  |  |

이것은 나의 특별한 모습입니다.　　　　　이것은 내 친구의 특별한 모습입니다.

나와 내 친구의 닮은 모습

|  |  |
|---|---|
|  |  |

이것은 나입니다.　　　　　　　　　　이것은 내 친구입니다.

♤ 갈등상황 1

– 친구들과 다투다가 화가 날 때 어떻게 하면 좋을까?

• 나는 참을 수 없을 만큼 화가 났을 때, 가만히 서서 다섯까지 천천히 셀 수 있다.
• 나는 친구에게 화가 난 것을 말하고, 선생님께 그 이유를 설명할 수 있다.

♤ 갈등상황 2

– 교구를 혼자서만 차지하고 친구들은 만지지 못하게 할 경우 어떻게 할까?

• 혼내기 전에 "친구들이 만지는 게 싫구나."라며 감정을 먼저 공감해 주고 기다려준다.
• 교구를 혼자서만 차지하면 다른 친구들도 속상할 수 있음을 알려준다.
• "그럼 어떻게 하면 좋을까?"라는 말로 대화를 통해 아이 스스로 해결방안을 찾도록 한다.

♤ 갈등상황 3

– 내가 일등 할 거야!

• 일등하고 싶어 하는 마음을 격려해주고, 그럼 '다른 친구의 마음은 어떨까?'를 생각해 본다.
• 친구가 일등 했을 때 나의 감정에 대해 이야기한다.
• 친구와 기쁨을 공유할 때 즐거움이 더 커질 수 있음을 안다.

## ♤ 갈등해결에 있어 건설적인 해결방법과 파괴적인 해결방법

| 영 역 | 건설적인 갈등해결 방법 | 파괴적인 갈등해결 방법 |
|---|---|---|
| 문 제 | 현재의 문제를 다룬다 | 과거의 문제를 들춘다 |
| 감 정 | 긍정적·부정적 감정을 모두 표현한다 | 부정적인 감정만 표현한다 |
| 정 보 | 있는 그대로의 정보를 준다 | 제한된 정보만을 준다 |
| 초 점 | 사람보다는 문제에 초점을 둔다 | 문제보다 사람에 초점을 둔다 |
| 책 임 | 모두에게 책임이 있다고 인정한다 | 상대방에게 모든 책임을 전가한다 |
| 인 식 | 비슷한 점에 초점을 둔다 | 서로의 차이점에 초점을 둔다 |
| 변 화 | 변화를 추구한다 | 갈등이 잦아지고 변화는 줄어든다 |
| 결 과 | 두 사람 모두 이기거나 모두 진다 | 상호관계에 손실이 있다 |
| 친밀감 | 갈등해결을 통해 친밀감이 높아진다 | 갈등이 커져 친밀감이 낮아진다 |
| 태 도 | 신뢰가 쌓인다 | 의심이 생긴다 |

- 커플 체크업 (David H. 외)에서 발췌

비폭력 대화를 통한 갈등해결 의사소통

| 말하기 | 듣기 |
|---|---|
| 상대를 비난하지 않으면서,<br>나 자신을 솔직하게 말할 때. | 상대방의 말을<br>공감으로 들을 때. |

상황을 있는 그대로 관찰하기
"내가 ~을 보았을(들었을)때"

**관 찰**

상황을 있는 그대로 관찰하기
"네가 ~을 보았을(들었을)때"

나의 느낌
"나는 ~하게 느낀다."

**느 낌**

상대방의 느낌
"너는 ~하게 느끼니?"

나의 느낌 뒤에 있는
욕구/필요
"나는 ~이 필요(중요)하기
때문에…"

**욕구/<br>필요**

상대방의 느낌 뒤에 있는
욕구/필요
"너는 ~이 필요(중요)하기
때문에…"

내가 부탁하는 구체적인 행동

연결부탁
"내가 이렇게 말할 때 너는 어떻게 느끼니(생각하니)?

행동부탁
"~를(을) 해줄 수 있겠니?"

**부탁/<br>요청**

상대가 부탁하는 구체적인행동
"너는 ~를 바라니?"

– 직장인을 위한 비폭력 대화(아이크 레스터 지음)에서 발췌

● 활동상황 : 친구들과 갈등상황이 있은 후 나의 감정 그림카드에 색칠하고 자신의
　　　　　　기분, 느낌을 표현해 보세요.


이름 : _____                날짜 : _____


● 오늘 나의 기분을 색으로 표현한다면 어떤 색으로 색칠을 할 수 있을까요?

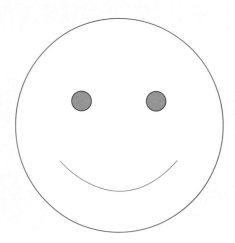

감정 일기

● 활동상황 : 유치원 활동 중에서 생각나는 다양한 감정들을 찾아 ○표 하거나 나의
　　　　　　기분을 적어보세요.


이름 : _____　　　　　날짜 : _____

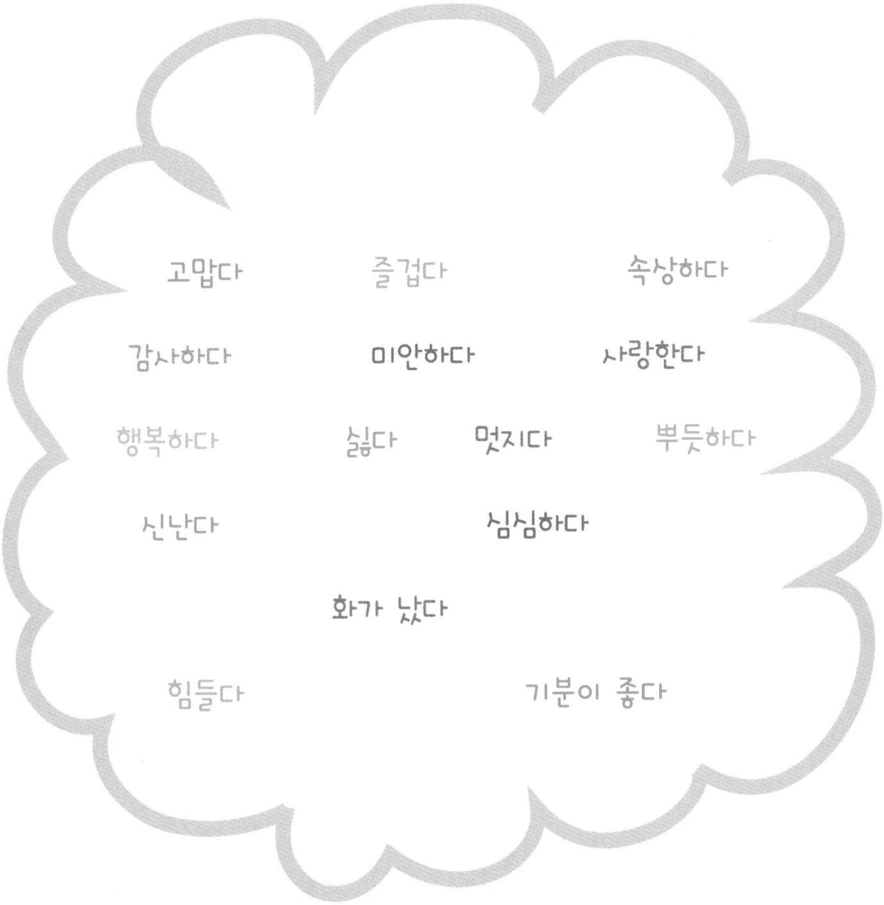

고맙다　　　　　즐겁다　　　　　속상하다

감사하다　　　미안하다　　　사랑한다

행복하다　　　싫다　　　멋지다　　　뿌듯하다

신난다　　　심심하다

화가 났다

힘들다　　　　　기분이 좋다


| 오늘 나의 기분은? | |
|---|---|

**활동명** 갈등해결을 위한 놀이(두 마음 모으기 놀이)

갈등상황에 놓였을 때 스스로 생각하고 돌이켜보는 다양한 활동들을 통해 자신의 감정들을 통제하고 조절하여 편안한 정서를 느낄 수 있다.

♣ 몸 긴장 풀어주기

1. 바닥에 누운 다음 눈을 감고 몸과 마음을 편안하게 한다.

2. 숨을 들이쉬고 내쉴 때마다 내 몸 전체가 바닥에 닿아있다는 것을 느낀다.

3. 숨을 들이쉴 때는 배가 블록해지고, 숨을 내쉴 때는 다시 배가 홀쭉해지는 것을 느낀다.

4. 몇 번 반복하면서 블록해지고 홀쭉해지는 것을 느낀다.

5. 천천히 기지개를 켜고 눈을 뜬 다음 천천히 몸을 뒤척이다 차분히 일어난다.

♣ 걷기

1. 마음을 편안히 하고 발에 생각을 모은다.

2. 허리를 쭉 펴고 눈은 정면을 바라보면서 자세를 바르게 한다.

3. 발이 허공에 있을 때와 땅에 닿는 순간을 자각한다.

4. 천천히 숨을 들이쉬는 들숨과 숨을 내쉬는 날숨을 알면서 걷는다.

5. 걷기를 할 때는 호흡에만 집중하여 몰입하고 가능한 말을 하지 않는다.

6. 물길 걷기, 맨발로 걷기, 낙엽 위 걷기, 친구와 손잡고 걷기 등이 있다.

♣ 모래시계(1분, 3분, 5분)

1. 갈등상황에 놓인 두 명이 마주한다.

2. 모래시계를 어느 것으로 선택할 것인지 이야기한다.

3. 방석이나 매트 위에 친구와 손을 마주잡거나 각자 앉는다.

4. 마주 앉은 사이에 모래시계를 놓는다.

5. 천천히 떨어지는 모래시계를 말 없이 바라본다.

6. 모래시계가 다 떨어지고 나면 숨을 천천히 내쉰다.

♣ 친구와 신체접촉

1. 마주 바라보기 – 친구와 가까이 앉아 조용히 마주 바라본다.

2. 손, 발바닥 대어보기 – 두 눈을 감고 친구의 손바닥과 발바닥을 맞대어 본다.

3. 등 마주대기 – 친구와 등을 최대한 맞닿게 해본다.

4. 가슴으로 안기 – 친구와 가슴으로 꼭 안아보기

5. 심장소리 듣기 – 친구가 바닥에 평온하게 누우면 가슴에 귀를 대어본다.

〈활동지〉　　　　　　　　　　　　색칠하기

● 활동상황 : 친구와 다투었을 때 서로 힘들었던 점들에 대해 이야기 나누며 함께
　　　　　　색칠하기

제목 :

느낌 :

♤ 갈등해결을 위한 유아의 친사회적 행동지도

성명 : _____ 연령 : _____

### 1. 자아 존중감 : 자신에 대한 긍정적인 정서
_____ 미소를 지으며 항상 행복해 한다.
_____ 사람이나 사물에 대하여 두려워하지 않는다.
_____ 자신의 권리를 주장한다.

### 2. 자아 조절력 : 자신의 행동을 조절하기
_____ 대체로 제시된 규칙을 준수한다.
_____ 자기조절 기제를 사용한다.
_____ 자신의 격한 감정을 행동보다는 말로 표현한다.

### 3. 타인 존중감 : 다른 사람에 대한 긍정적인 정서
_____ 다른 유아들과 잘 어울린다.
_____ 다른 친구의 어려움에 관심을 갖는다.
_____ 친구가 어떻게 느끼는지 말할 수 있다.

### 4. 우정 : 친구 사귀기
_____ 함께 놀이할 친구를 찾는다.
_____ 친구를 만든다.
_____ 또래의 의견을 받아들이고 함께 논다.

### 5. 배려하기 : 놀잇감을 주거나 나누기
_____ 친구와 놀잇감을 함께 나눈다.
_____ 차례를 지킨다.
_____ 다른 유아에게 놀잇감이나 물건을 준다.

### 6. 협동하기 : 다른 사람과 함께 일하기
_____ 집단활동 속에서 협동놀이에 참여한다.
_____ 새로운 놀이친구를 수용하고 다툼 없이 함께 놀이한다.
_____ 어른들이 도움을 요청했을 때, 들어준다.

### 7. 도움 주기 : 공공의 선을 위해 일하기
_____ 놀잇감이나 물건들을 치우고 정리한다.
_____ 다른 유아의 과제를 돕는다.
_____ 교실에서 어려운 일을 먼저 한다.

### 8. 존중하기 : 다른 사람이나 사물을 소중하게 대하기
_____ 건설적인 태도로 놀잇감이나 물건들을 사용한다.
_____ 다른 사람의 물건을 소중하게 다룬다.
_____ 어른들의 말에 주의를 기울이고 잘 반응한다.

- 출처 : Janice J. Beaty(2004)

유아 권리 길라잡이

♠ 갈등해결을 위한 사회적 의사소통 방법

**친구 칭찬하기**

- 칭찬하고자 하는 친구 이름에 스티커 붙여주기
- 친구의 좋은 점을 이야기 나누기 시간에 표현하기
- 언어전달장을 활용해 가정과 연계하여 친구 칭찬하기
- 고마워, 멋져, 넌 최고야 등의 말을 친구와 놀 때 자주 사용하기

**친절한 행동**

- 혼자 놀고 있을 때 친구랑 같이 놀아주는 상황
- 친구가 힘들 때 도와주는 상황
- 친구가 잘 모를 때 설명해주는 상황

**다른 사람 존중해주기**

- 친구의 말을 잘 들어주기
- 양보와 배려하기
- '미안해', '고마워' 라는 말 사용하기

**동의 구하기**

- 필요한 것을 요청할 때 "~해도 될까?", "~해도 되겠니?"라는 말을 친구들에게 활용하기
- 상대방의 감정을 생각하면서 표현하기
- 친구의 의견을 물어보기

# 부모 교육

유아의 발달단계별 특성에 따른 행동과 올바른 양육 정보를 제공함으로써, 유아들의 권리를 지킬 수 있도록 하는 교육입니다.

## 자기표현 / 경청 | 귀 기울여 끝까지 들어주세요

잘 들어주는 부모의 태도는 자녀가 자신의 의견을 적극적으로 이야기하며 다른 사람의 의견을 경청하는 아이로 자라도록 돕습니다. 아이의 언어표현이 서툴다고 답답해하거나, 부모와 다른 의견에 대해 무시하고 들어주지 않는다면 아이는 자유로운 의사표현의 기회를 박탈당하게 됩니다. 아이는 자신의 의견을 표현할 권리를 가지고 있습니다.

대화할 때 상대방이 자신의 말을 잘 들어주면 존중받고 있다는 느낌을 받습니다. 이것은 아이들도 마찬가지입니다. '내 말을 잘 들어주었으면, 내 기분을 알아주었으면…' 하는 마음이 있는 것입니다.

**아이와 대화할 때 다음을 참고해 보세요.**

- 끝까지 들어주기: 아이가 말을 하려고 하는데 무슨 말을 할지 안다고 중간에 말을 가로채는 엄마들이 있습니다. 두서가 없는 것 같고 중간에 멈추거나 말을 반복해도 미리 짐작하고 말을 자르지 마세요. 엄마가 생각하는 그 내용이 아닐 수도 있습니다.

- 맞장구 쳐주기: 아이가 말하는 중간중간 고개를 끄덕이거나 맞장구를 쳐주면 자신의 이야기에 집중하고 있다고 느껴져 자신감이 올라갈 수 있습니다.

- 말 반복해주기: 아이가 한 말을 때때로 반복해주면 '잘 듣고 있다'는 것을 전달하는 데 매우 효과적입니다.

- 비언어적 경청 표현: 아이가 말할 때 아이의 눈을 보고, 눈높이를 맞추어 주세요. 이러한 태도는 아이에게 모델링이 될 수 있습니다.

☐ 기다리기 힘들어하는 아이에게 이야기를 끝까지 듣도록 요구하진 않습니까?

☐ 억지로 의견을 이야기하도록 강요하지는 않습니까?

☐ 아이가 말하는 중간에 끼어들어 대신 이야기 해주지는 않습니까?

☐ 결론을 이야기하도록 재촉하지는 않습니까?

☐ 아이가 이야기한 내용에 대해 평가하거나 충고하지는 않습니까?

☐ 아이와 눈을 맞추며 집중해서 들어줍니까?

☐ 적극적으로 듣고 있음을 표현합니까?
  - "오호~" "그래?" "그래서?" 등 언어적 반응하기
  - 고개 끄덕이기 등 비언어적 반응하기

아이는 더불어 살아가는 사회의 일원으로서 타인과의 협조적 구조 속에서 자신의 소임을 책임 있게 감당하고, 그로 인해 발생한 이익에 대해 함께 공유하는 기쁨을 누릴 수 있어야 합니다. 권리에는 같은 무게의 책임감이 주어집니다. 아이가 자신의 권리만을 존중받고, 책임은 회피하려 한다면 사회인으로서 협동과 공유의 중요성을 깨닫지 못하게 될 것입니다. 아이는 부모의 책임 있는 모습을 보며 배웁니다.

## 아이와 함께 협동과 공유의 즐거움에 도전해 보세요

활동의 예 : "오늘은 청소하는 날!"

가족 모두가 역할과 영역을 분담하여 집안 청소를 합니다.

1. 가족 구성원 각자의 역량만큼 청소영역을 정합니다.

2. 주어진 영역을 책임감으로 깨끗하게 청소합니다.

3. 청소 후의 결과에 대해 함께 이야기 나누어봅니다.

    "역할을 나누어 함께 청소하니 빨리 마쳤구나."

    "함께 청소해서 깨끗해지니 기분이 좋구나."

4. 협력해서 얻게 된 여유시간을 즐겁게 활용합니다.

    "여유시간이 생겼으니 우리 함께 무엇을 할까?"

    – 함께 놀이하기, 산책하기, 맛난 음식 먹기 등

**공감** | **다소 엉뚱해 보이는 이야기 속에도 아이의 생각이 담겨 있습니다**

아이의 생각을 이해하려는 부모의 노력은 사회적 관계 속에서 살아가는 아이들에게 공감의 기술을 배우게 합니다. 공감받아 본 경험이 있는 아이들이 다른 사람에 대해 잘 공감할 수 있습니다. 즐겁고 기쁜 감정뿐 아니라 분노나 두려움 등의 부정적인 감정도 공감해주어야 합니다. 아이들은 생각과 표현의 자유를 누릴 권리가 있습니다.

## 아이의 부정적인 행동에 대해 공감하고 대처하는 기술

1단계 : 아이의 감정을 인정하고 들어주세요.

**"동생이 네 자동차를 만지는 게 싫었구나."**

아이가 자신의 감정을 충분히 표현할 수 있도록 열린 마음으로 듣고 공감해주어야 합니다. 아이의 마음을 공감해주지 않으면 아이의 행동에 관해 이야기 나눌 기회를 가질 수 없게 됩니다.

2단계: 자신의 행동으로 인한 결과를 인식할 수 있도록 도와주세요.

**"네가 화가 나는 마음은 알겠는데 네가 때려서 동생이 다쳤어."**

아이의 마음이 진정되도록 기다려준 후, 자신의 행동으로 인해 어떠한 상황이 벌어졌는지 생각할 시간을 주고 잘못된 행동에 대해 인식할 수 있도록 합니다.

3단계: 아이와 함께 바람직한 해결방안을 찾아보세요.

**"그럼 이럴 땐 어떻게 하면 좋을까?"**

아이와의 충분한 대화를 통해 문제를 해결할 적절한 방안을 찾아봅니다.

아이와 관련된 문제를 결정할 때는 아이의 의견이 존중되어야 합니다. 부모가 일방적으로 모든 것을 판단하고 결정하여 따르도록 강요한다면 아이는 자기 생각을 자유롭게 이야기할 기회를 잃게 됩니다. 아이는 부모의 권위 아래 부속된 존재가 아닙니다. 아이가 바른 결정을 하기까지 충분한 경험을 할 수 있도록 기회를 주어야 합니다. 아이는 다양한 정보를 접하고 자신의 견해를 자유롭게 표현할 권리가 있습니다.

### 🌐 아이의 결정을 돕는 방법

- 아이가 잘못된 선택을 할 것으로 예측하고 부모님의 마음대로 아이의 일을 결정하지 마시고, 아이가 다양한 시행착오와 경험을 할 수 있도록 시간을 주고 기다려주세요.
- 아이는 성인만큼 다양한 경험과 정보가 부족합니다. 아이가 결정할 때 결정을 도울 수 있는 필요한 정보를 제공해 주세요.

최근 '결정 장애'라는 용어를 들을 수 있는데, 이것은 자신이 무엇을 원하는지 뚜렷하게 인식하지 못하거나, 선택한 것을 분명하게 표현하지 못하는 사람과 관련이 있다고 볼 수 있습니다. 우리 주변에서 뜻밖에 이런 사람을 쉽게 만나게 됩니다.

선택과 결정은 책임감과 불가분의 관계가 있습니다.

책임감은 날 때부터 가지고 태어나는 것이 아니고, 오랜 시간에 걸쳐 서서히 형성되는 것입니다. 이를 위해서 아이들은 매일 자기 나이와 이해력에 해당하는 문제를 판단하고 선택하는 연습을 해야 합니다.

〈음식〉

- 두 살짜리 아이에게는 우유를 한 잔 마실 것인지, 반 잔만 마실 것인지 물어볼 수 있습니다. (아이가 늘 반 잔만 마셔서 걱정되는 부모는 좀 큰 잔으로 시작해도 좋음)
- 네 살 난 아이에게는 사과 반 개와 한 개를 놓고 선택하게 할 수 있습니다.
- 여섯 살 난 아이는 달걀을 반숙으로 먹을 것인지, 완숙으로 먹을 것인지 스스로 결정하게 할 수 있습니다.

아이가 선택해야 하는 상황을 제시할 때는 신중해야 하는데, 상황을 제시하는 것은 부모지만 선택을 하는 것은 아이들이기 때문입니다.

어린아이에게 '아침에 무슨 반찬 해줄까?' 보다는 '달걀을 찜으로 해줄까, 반숙으로 해줄까?', '빵을 구워서 줄까, 달걀을 입혀서 줄까?', '오렌지 주스 마실래, 우유 마실래?' 라고 물어보는 것이 좋습니다.

이렇게 하면 아이는 자기 문제에 대해서 자신에게도 어느 정도 책임이 있다는 것을 알게 됩니다. 명령을 받기만 하는 존재가 아니라, 생활에 관한 결정에 참여하는 존재가 되는 것입니다. 아이는 부모의 태도에서 선택할 기회는 많이 줄 테니, 선택은 네가 책임지고 하라는 뜻을 읽어낼 것입니다.

아이들의 미각에 지나칠 정도로 관심을 보이는 부모들 때문에 가끔 아이들에게 식성의 문제가 발생하기도 합니다. 질 좋고 맛 좋은 음식을 차려 주고, 식욕에 따라 많이 먹거나 적게 먹거나 아이에게 맡겨 두는 것이 좋습니다. 음식을 먹는 문제는 아이의 책임에 해당한다고 할 수 있습니다.

아이로 하여금 판단을 내리지 못하게 하고, 기회가 있을 때마다 선택하지 못하게 하면 아이는 자신이 중요한 존재라는 생각을 하는 데 어려움이 있습니다. 다음이 그 예입니다.

〈식당에서〉
종업원 : 뭘 먹을 거니?
한 결 : 핫도그요.
어머니 : 얘한테 불고기 햄버거 주세요.
종업원 : 핫도그에 뭘 뿌려줄까? 케첩? 아니면 겨자 소스?
한 결 : (어머니를 바라보며) 엄마, 이 언니가 내 말을 정말로 알아들었나봐.

〈옷〉

어린아이들 옷을 살 때, 필요한 옷을 고르고 가격은 어느 정도로 할 것인지 결정하는 책임은 부모에게 있습니다. 가게에서 가격과 색이 마음에 드는 옷을 몇 가지 골라 놓고, 아이에게 그 가운데서 입고 싶은 옷을 고르라고 해야 합니다. 일곱 살 정도 된 아이는 이렇게 자기 양말이나 셔츠, 겉옷, 속옷을 살 때 부모가 골라 주는 범위 안에서 선택할 수 있습니다. 아이들이 스스로 옷을 사는 경험을 얻고 기술을 쌓을 기회를 얻지 못하는 가정이 많습니다. 의외로 요즘 누가 옆에서 조언해 주지 않으면 자기 손으로 옷 한 벌 사지 못하는 어른이 있다는 것은 시사하는 바가 있습니다.

〈숙제〉

부모는 아이가 학교에 입학하면, 숙제는 엄격히 말해서 아이와 교사의 책임이라는 태도를 보여주어야 합니다. 숙제에 대해 잔소리 하지 말고 아이가 부탁하기 전에는 숙제를 검사하거나 조사하지 말아야 합니다. 부모가 숙제에 대한 책임을 떠맡으면 아이들은 기꺼이 맡깁니다. 숙제가 부모를 비난하고 협박하고 이용하는 무기가 될 수도 있습니다. 부모가 관여하지 않으면 자신은 아무것도 할 수 없다는 생각을 하게 될 수도 있습니다. 물론 전제는 숙제가 아이의 능력에 맞아야 한다는 것입니다. 그러나 그렇지 않은 상황에서도 숙제를 간접적으로 도와주어 아이로 하여금 책임감을 길러줄 수 있습니다. 이러한 대화도 아이에게 도움이 될 수 있습니다.

'나 숙제하기 싫어. 너무 피곤해.'

- 일반적인 반응: '무슨 소리야? 숙제하기 싫다고? 놀 때는 절대로 피곤한 줄을 모르더니, 숙제만 하면 피곤하대. 점수만 나빠 봐, 가만 안 둘 거야!'
- 바람직한 반응: '피곤한가 보구나. 열심히 공부했으니까. 준비되거든 다시 해.'

자기 자신을 자발적인 욕구와 목표를 지닌 한 개인으로 경험할 기회를 가진 아이는 자신의 삶과 그 삶의 요구에 대해서 책임감을 느끼기 시작합니다.

〈용돈〉

용돈을 착한 행동에 대한 보상이나, 집안일을 도와준 대가로 사용해서는 안 됩니다. 용돈은 돈을 쓰면서 어떤 선택을 해 보고 그에 대해서 책임을 지는 경험을 해보게 하는 것이 목적입니다. 그러므로 용돈을 검사하면 그 목적이 훼손됩니다. 그보다는 용돈을 어디에, 어떻게 쓰면 좋을지를 규정하는 일반적인 원칙이 있어야 합니다. 아이가 용돈을 주자마자 다 써버리는 일이 반복되면 나누어서 줄 필요가 있습니다.

용돈을 성취와 순종을 요구하는 압력수단으로 사용하거나, 기분이 나쁘다고 용돈을 깎고 기분이 좋다고 더 많이 주어서도 안 됩니다.

용돈과 관련하여 '용돈을 더 많이 주고 싶지만, 너도 알다시피 우리집 수입에는 한계가 있잖니?' 라는 말이 '무슨 용돈이 더 필요하냐' 고 야단치는 것보다 효과적입니다.

용돈은 아이가 초등학교에 입학할 때부터 주는 것이 좋습니다. 계산하고 교환할 줄도 아는 때이기 때문입니다. 용돈을 줄 때 반드시 지켜야 할 조건 중 하나는 필요한 지출을 다한 뒤, 용돈이 조금이라도 남으면 저축을 하든 마음대로 쓰던지 아이에게 맡겨야 한다는 것입니다.

– 부모와 아이 사이(하임 G. 기너트 외)에서 발췌

## 갈등 해소 | 갈등이 나쁜 것은 아니에요

갈등상황은 나와 타인의 권리에 대해 배우는 좋은 기회가 될 수 있습니다. 아이에게 갈등상황을 피해가기보다 적극적인 해결자세를 갖도록 지도한다면 아이는 불편한 상황을 변화시키기 위해 취할 수 있는 태도를 배우게 될 것입니다. 권리는 내게만 있는 것이 아니라 다른 사람에게도 있다는 것을 아이는 알아야 합니다.

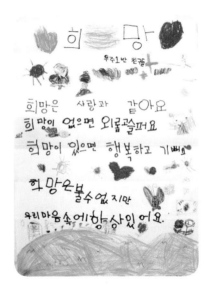

###  갈등해소를 위한 방안

• 아이가 질문을 많이 할 수 있도록 허용해 주세요.

  아이에게 질문을 많이 하도록 하는 것은 정확한 답을 찾는 것보다 중요합니다.

• 갈등상황을 스스로 해결할 수 있도록 격려해주세요.

• 도움을 요청할 때 아이가 할 수 있는 만큼은 스스로 하도록 기다려주세요.

• 다른 사람의 입장에 관해 이야기 해주세요.

## 다양성의 존중 | 다름을 이해해 주세요

모든 아이는 각기 다른 존재로 태어났음을 이해하고, 자기만의 방식으로 자유롭게 표현하고 행동할 수 있는 사람으로 존중해 주어야 합니다. 아이는 누군가와 비교하여 평가할 대상이 아닙니다. 아이는 잠재능력을 발휘할 기회를 가질 권리가 있습니다.

아이는 부모가 누구이든, 어디에 살든, 무엇을 믿든 간에 나와 다른 것이 나쁜 것이 아님을 이해하고 수용할 수 있도록 교육받아야 합니다. 아이는 교육받을 권리가 있습니다.

## 다양성 이해하기

• 다양성 존중받기 : 아이는 독특한 기질, 선호와 경향성 등 독립적인 인격으로서 가지고 있는 특성을 존중받아야 합니다.

• 다양성 존중하기 : 아이는 타인의 장애, 인종, 피부색, 성, 언어, 종교, 외모 등 인간의 다양성을 존중하고 적극적으로 수용할 수 있어야 합니다.

아이는 한 사람의 권리 끝에서 다른 사람의 권리가 시작된다는 것을 이해해야 합니다. 아이가 자신의 권리를 존중받기 위해서 양심을 거스르지 않도록 지원해야 합니다. 아이는 양심을 표현하도록 강요받거나 양심에 반하는 행위를 강요당하지 않을 권리가 있습니다.

## 아이는 양심의 자유를 표현하고 있습니다

• 기다리는 사람들이 늘어선 줄에서 아이를 데리고 새치기를 한 일이 있습니까?

• 할인을 받기 위해 아이가 듣는데 아이의 나이를 속인 경우가 있으십니까?

• 아이가 바람직하지 않은 행위를 하기 싫어할 때, 비아냥거리듯 아이의 양심을 표현하도록 강요한 경우는 없으십니까?

　"그래 그럼 얼마나 대단한 생각을 하고 있는지 들어나 보자. 어디 한번 말해봐."

• 아이가 바람직하다고 생각하는 행동을 하고자 할 때 빈정대거나 조소 섞인 표현을 한 일이 있습니까?

　"네가 그런다고 누가 알아주니?"

## 자존감 | 존중해 주세요

아이는 존엄한 존재로 자유 속에서 성장할 수 있어야 합니다. 아이가 무엇이든 자유롭게 표현하며 능력을 발휘할 수 있도록 기회를 제공하고 격려해 주어야 합니다. 그러한 경험을 통해 아이는 자신이 존중받고 있다는 것을 확인하고, 자신이 가치 있는 존재라는 생각을 하게 됩니다. 아이는 독립된 인격으로서 존중받을 권리가 있습니다.

 **아래의 질문을 통해 부모 자신의 모습을 점검해 보세요**

**부모의 이런 태도가 아이의 자존감을 낮추게 됩니다**

독설이 담긴 형용사는 독화살과 같아서 아이들에게 사용해서는 안 됩니다. 어떤 경우 아이가 '굼뜨다'라는 말을 들었을 때, 당장에는 '난 굼뜨지 않아.'라고 항변할지도 모릅니다. 하지만 유사한 상황을 당했을 때 스스로 '난 정말 굼뜨구나!'라고 생각할지도 모릅니다. 이후부터 아이는 몸을 민첩하게 움직여야 하는 상황을 피하려 할 수도 있습니다. 선생님이나 부모에게서 멍청이라는 말을 반복하여 듣게 되면 아이 자신도 그렇게 믿게 되고, 자신을 그런 사람으로 생각하기 시작합니다. 점차 노력을 포기하고, 무언가 시도하지 않는 것이 더 안전하다고 믿을 수 있습니다.

☐ 아이에게 일방적으로 명령하거나 지시하지는 않습니까?

☐ 기분에 따라 아이를 비난하거나 모욕하는 말을 사용하지 않습니까?

☐ 아이를 이해시킨다는 명분으로 아이에게 논리적으로 따지며 몰아붙이지는 않습니까?

☐ 아이를 다른 아이나 형제와 비교하지는 않습니까?

부모의 이런 태도가 아이의 자존감을 높이게 됩니다

### 칭찬을 잘합니다.

많은 사람은 칭찬이 자신감을 준다고 생각합니다. 그러나 판결을 내리고 가치를 평가하는 칭찬은 오히려 아이를 불안하게 하고, 남에게 의지하게 하며, 움츠러들게 합니다. 다음이 그 예입니다.

'넌 참 착하구나.'
'넌 참 훌륭한 아이야.'
'넌 엄마의 좋은 심부름꾼이야.'
'네가 없으면 엄마가 어떻게 살겠니.'

다음은 아이의 자존감을 높여주는 칭찬의 예를 보여줍니다.

- **도움이 되는 칭찬** : 장난감을 제자리에 넣었구나. 방이 깨끗해졌는데.
- **긍정적인 결론** : 내가 정리를 잘한 거야. 내가 한 일이 인정을 받았어.
- **도움이 되지 않는 칭찬** : 너는 천사야. 너는 착한 아이야.

- **도움이 되는 칭찬** : 네 편지는 엄마에게 큰 기쁨을 주었어.
- **긍정적인 결론** : 내가 다른 사람을 기쁘게 할 수 있구나.
- **도움이 되지 않는 칭찬** : 넌 훌륭한 작가야.

- **도움이 되는 칭찬** : 오늘 청소를 도와주어서 고마워.
- **긍정적인 결론** : 나는 책임감이 있어.
- **도움이 되지 않는 칭찬** : 그 누구보다 청소를 잘했어.

### 아이를 비판하기보다는 이끌어줍니다.

평가를 하는 칭찬과 비판은 동전의 양면을 이루는데, 둘 다 상대방에 대해 판결을 내린다는 점에서 그렇습니다. 비판할 때 부모들은 아이의 인격과 성품에 대해 비난을 퍼붓게 됩니다.

일이 잘못되었을 때, 바로 그 자리에서 일을 저지른 아이의 인격에 대하여 야단치는 것은 바람직하지 못합니다. 이럴 때는 벌어진 사건 자체만 다루고, 사람에 관해서는 판단하지 않는 것이 최선입니다. 다음이 그 예입니다.

(여덟 살 된 아이가 잘못하여 주스를 쏟았다.)
'주스가 쏟아졌구나. 가서 다른 잔과 행주를 가져와야겠다.'

## 아이의 잘못에 대해 차분하게 대처합니다.

아이가 잘못을 저지르면 부모는 흔히 모욕적인 말로 꾸짖습니다. 그래서 아이가 버릇없는 말로 대꾸하면, 부모는 큰소리를 지르고 윽박지르거나 매를 듭니다. 다음과 같은 상황이 있을 수 있습니다.

(일곱 살 난 아이가 빈 유리컵을 가지고 놀고 있다.)
'너 그거 깨뜨릴라. 넌 항상 그러다가 깨뜨리잖아.'

라고 말하는 대신 아이가 컵을 굴리며 노는 것을 본 즉시, 컵을 치우고 공 같은 것을 주어서 가지고 놀게 할 수도 있을 것입니다. 만약 컵이 깨졌을 때도 유리조각 치우는 일을 도와주면서, 유리컵은 잘 깨진다거나 작은 컵이라도 깨지면 조각들이 이렇게 많이 흩어진다는 등의 말을 해줄 수도 있을 것입니다. 그러면 아이는 마음속에서 컵은 굴리며 장난하는 물건이 아니라는 결론을 스스로 내릴 수 있을 것입니다.

아이들은 부모가 하는 이야기, 곧 자신이 어떤 아이이며, 앞으로 무엇이 될 수 있다고 말하는 데 따라 달라질 수 있습니다. 아이의 마음속에 자기 자신이 가치 있는 존재라는 생각을 키워주어야 합니다. 그러려면 아이는 자기 자신에 대해 긍정적으로 표현하는 소리를 직접 듣기도 하고, 우연히 엿듣기도 하면서 자랄 필요가 있습니다. 안타깝게도 많은 부모는 자기 아이의 좋은 점보다는 잘못된 점을 더 쉽게 지적합니다. 내 아이가 자신에 대해 믿음을 갖고, 자존감이 있는 아이로 성장하기를 바란다면 기회가 있을 때마다 긍정적인 언급을 해주고, 품위를 떨어뜨리는 표현을 하지 말아야 합니다.

– 부모와 아이 사이(하임 G. 기너트 외)에서 발췌

**활동 1** 이야기 나누기

- 활동명 : 스스로 할 수 있어요
- 활동목표 : – 스스로 할 수 있는 일에 대한 경험과 생각을 말할 수 있다.
  - 스스로 할 수 있는 일에 대한 약속을 말해 봄으로서 자신이 능동적이고 귀한 존재라는 것을 안다.
- 활동 자료 : 스스로 하는 활동사진(옷 정리하기, 옷 입기, 부모님 심부름 하기, 이불 정리하기, 신발 정리하기, 방 청소하기 등)
- 활동 내용

1) 유아가 다른 사람의 도움을 받지 않고 스스로 한 일에 대한 경험에 관해 이야기 나눈다.

2) '스스로 하는 활동사진'을 보며 이야기를 나눈다.

  - 사진 속 친구들이 무엇을 하는 것 같아요?

  - 스스로 옷을 정리해 본 적 있나요?

  - 스스로 하면 기분이 어때요?

3) 스스로 할 수 있는 일에 대한 약속을 이야기해 본다.

  - 지금까지 스스로 한 것 외에 또 스스로 할 수 있는 것은 무엇이 있을까요?

  - 스스로 할 수 있는데도 하지 않은 것들은 어떤 것이 있나요?

4) 활동을 회상하고 평가한다.

 **활동 2** 동화

- 활동명 : 너는 특별하단다.
- 활동목표 : 나를 이해하고 나를 아끼고 사랑하는 마음을 가진다.
- 활동자료 : 너는 특별하단다.
  (맥스 루카도 글 / 세르지오 마르티네즈 그림 / 고슴도치 출판사)

- 활동내용

1) 나의 장점에 관해 이야기 나눈다.

2) 동화 '너는 특별하단다'를 보고 난 후 느낀 점에 관해 이야기 나눈다.

　– 다른 사람들이 무시했을 때 펀치넬로의 기분은 어땠을까요?

　– 목수 아저씨가 펀치넬로에게 '너는 특별하단다.'라고 말해 준 후 펀치넬로에게서 어떤 점들이 달라졌을까요?

3) 내가 가지고 있는 특별함을 글로 적어본다.

4) 친구들 앞에서 발표해본다.

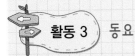 **활동 3** 동요

- 활동명 : 소중한 나

- 활동목표 : 나에 대해 관심을 가지고 나의 몸과 마음을 소중히 여기는 태도를 기른다.

- 활동자료 : 카세트, 동요 CD, 가사판

- 활동내용

1) 노래를 감상해 본다.

2) 노래의 가사란을 보며 가사를 읽어 본다.

　– 어디 어디가 소중하다고 하였나요?

　– 노래를 듣고 어떤 느낌이 들었나요?

　– 나의 다른 부분 중 가사에 나오지 않은 소중한 곳을 찾아볼 수 있을까요?

3) 각자 생각하는 나의 소중한 부분을 노랫말로 바꿔 불러본다.

4) 노랫말에 어울리는 율동이나 악기를 연주하며 불러본다.

5) '소중한 나' 노래를 불러 본 소감에 관해 이야기를 나누어 본다.

**활동 4** 이야기 나누기

● 활동명 : 같아요 달라요

● 활동목표 : – 친구에게 관심을 가진다.

　　　　　　 – 친구와 나의 같고 다름을 알고 서로를 존중하는 마음을 가진다.

● 활동자료 : 틀린 그림카드, 활동지, 색연필

● 활동내용

1) 그림카드를 보고 같은 점과 다른 점을 찾아봄으로써 활동 주제에 관심을 갖도록 한다.

2) 두 명씩 짝꿍을 정한 후 친구가 좋아하는 것을 물어보고 종이에 적는다.

3) 그룹을 정한 후 같은 것에 동그라미를 한 뒤 벤다이어그램이 그려진 종이에 적은 내용을 옮겨서 적는다.

4) 완성한 활동지를 보고 왜 똑같은 것이 있고 다른 것이 있는지 이야기한다.

5) 친구와 안아준 뒤 함께 활동지를 벽에 붙이고 관찰한다.

6) 활동 후 느낀 점을 이야기 나눈다.

 **활동 5** 동화

● 활동명 : 내 귀는 짝짝이

● 활동목표 : – 장애우의 날에 대해 알아본다.

　　　　　　 – 장애를 이해하고 나와 조금 다른 사람들을 있는 그대로 받아들이고 함께 더불어 살아가야 한다는 것을 안다.

● 활동자료 : '내 귀는 짝짝이' 동화책

● 활동 내용

1) '내 귀는 짝짝이' 동화를 들려준다.

2) 동화 속 리키에 대해 이야기 나눈다.

　　 – 리키는 왜 귀를 감추려고 했을까요?

　　 – 친구들이 놀렸을 때 리키는 어떤 기분이었을까요?

3) 장애우의 날과 장애우에 관해 이야기 나눈다.

　　(장애인 표시, 장애인 화장실 등등)

4) 장애우 되어 보기 미션을 해 본다.

　　(안대를 하고 점자책 읽기, 안대 쓰고 지팡이 짚고 걸어보기, 마스크하고 말하지 않기, 귀마개 하기, 두 손 묶기, 한 발로 서 있기 등등)

5) 장애우를 위해 우리가 할 수 있는 일에는 어떤 일이 있는지 이야기를 나누어 본다.

　　(손잡아주기, 휠체어 밀어주기, 책 읽어주기, 수화 배워보기 등)

 **활동 6** 이야기 나누기

● 활동명 : 다양한 가족이 있어요.

● 활동목표 : – 여러 가지 가족의 모습에 대한 자기 생각을 말할 수 있다.

　　　　　　– 나와 다른 가족에 대해 긍정적인 태도를 가진다.

● 활동자료 : 다문화 가족 동영상

● 활동내용

1) 다문화 가족에 대한 동영상을 보여준다.

2) 동영상 내용을 회상해 본다.

　　– 동영상 속에 어떤 가족이 나왔나요?

3) 다문화가족에 대한 이야기를 나눈다.

　　– 주변에서 이런 가족을 본 적 있나요?

　　– 서로 다른 나라 사람들이 결혼해서 가족이 되면 어떤 점이 좋을까요? 어떤 점이 나쁠까요? 왜 그렇게 생각했나요?

4) 모든 가족은 소중하다는 것을 이야기 나눈다.

5) 활동 후 느낀 점을 이야기한다.

6) 주변에 다문화가족이 있으면 부모 일일교사와 같이 부모님이 직접 참여하는 활동을 계획한다.

PART 4

# 유아 권리 관련
# 사이트 및 도서

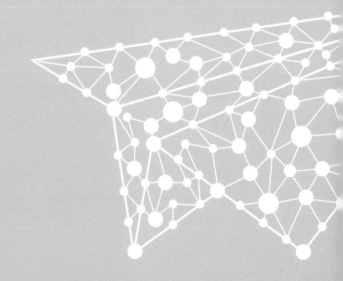

# 유아 권리 관련 사이트

 국가인권위원회

http://www.humanrights.go.kr

- 주관 : 국가인권위원회
- 주소 : 서울시 중구 삼일대로 340 저동빌딩
- 전화 : 02-2125-9700
- 인권전담기구로 인간의 기본 권리와 보호에 관한 일을 하는 기관이다.

**중앙아동보호전문기관**

www.korea1391.org

■ 주관 : 중앙아동보호전문기관

■ 주소 : 서울특별시 강남구 논현로66길 19

■ 전화 : 02-558-1391

■ 아동학대 신고 및 예방에 대한 교육 및 학대 받은 아동을 보호하는 전문기관이다.

 **평등 어린이세상**
http://kids.mogef.go.kr

- 주관 : 여성가족부

- 주소 : 서울특별시 종로구 세종대로 209

- 전화 : 02-2100-6000

- 여성, 청소년, 어린이, 가족 모두가 행복한 세상을 만들기 위한 지원 및 교육을 해주는 일을
  한다.

굿네이버스
http://www.goodneighbors.kr

- 주관 : 사회복지법인 굿네이버스
- 주소 : 서울 영등포구 버드나루로 13 굿네이버스
- 전화 : 02-6717-4000
- 가난하고 소외된 지구촌의 아동들을 중심으로 인권에 대한 보호 및 나눔을 실천하며 아동들의 권리를 세계에 알리는 기관이다.

 세이브더칠드런

https://www.sc.or.kr

- 주관 : 세이브더칠드런 코리아
- 주소 : 서울특별시 마포구 토정로 174
- 전화 : 02-6900-4499
- 전 세계 아동들의 보건, 영양, 교육, 아동보호, 아동권리 거버넌스 등 아동을 중심에 둔 지원 사업을 하는 기관이다.

한국아동학대예방협회
http://www.kapcan.or.kr

■ 주관 : 한국아동학대예방협회

■ 주소 : 서울특별시 마포구 서강로 3길 39 인트로빌 501

■ 전화 : 02-2231-4737

■ 아동학대 및 방임에 대한 발견, 치료, 예방의 제반 사업을 통해 아동보호권리를 영위하는 기관이다.

**초록우산 어린이재단**
http://www.childfund.or.kr

- 주관 : 어린이재단
- 주소 : 서울시 중구 무교로 20 어린이재단빌딩 11층
- 전화 : 1588-1940
- 국적과 인종, 성별, 종교의 벽을 넘어 차별 없이 아동의 인권을 보호하기 위한 일을 하는 기관이다.

**민주인권교육센터**
http://human.gen.go.kr

■ 주관 : 광주광역시교육청 민주인권교육센터

■ 주소 : 광주광역시 광산구 왕버들로322번길 6

■ 전화 : 062-712-6825

■ 학생 인권 침해 상담 및 조사 · 구제와 인권 교육 활성화 지원 및 민주 시민 교육 프로그램
을 운영하는 기관이다.

# 유아 권리 관련 도서

| 그림책 | 출판사 / 저자 | 내 용 |
|---|---|---|
| 「100만 번 산 고양이」<br> | 비룡소 / 사노 요코 | "100만 번이나 살다니, 정말 운이 좋은 고양이야."라고 말할 수 있을까요? 아니면, "이 미친 세상에 100만 번이나 태어나다니 정말 운 나쁜 고양이야." 라고 말할 수 있을까요. 그 어느 것이든 100만 번이나 태어난 고양이라면 100만 개의 특별한 인생을 살았다는 뜻이 되니 흥미롭게 여겨집니다. 하지만 고양이는 마지막 순간을 제외하고 단 한 번도 자기만의 삶을 살지 못했습니다. 그래서 계속해서 100만 번이 될 때까지 다시 태어났던 것이지요. 작가는 생명의 문제가 단순히 살고 죽는 데에 있는 것이 아니라, 자기 의지를 실현하는 자유와 크게 맞닿아 있음을 강조하고 있습니다. 꽤 뜻깊은 은유임에도, 이야기가 잘 짜여 있어 아이들도 쉽게 공감할 수 있습니다. |

| 그림책 | 출판사 / 저자 | 내 용 |
|---|---|---|
| 「너는 특별하단다 1」<br><br>「너는 특별하단다 2」<br> | 고슴도치 /<br>맥스 루케이도 | 이 그림책은 특별한 나무 인형에게는 별표를, 그렇지 않은 나무 인형에게는 회색 동그라미표를 붙이는 게 일상인 세상이 나와요. 나무 인형들이 종일 하는 일이 서로에게 이렇게 딱지를 붙이는 것이죠. 회색 동그라미를 받은 인형은 날이면 날마다 회색 동그라미만 받는데, 어느 날 아무 딱지도 붙이지 않은 인형을 만나면서 '다른 생각'을 하게 되죠. |
| 「하나라도 백 개인 사과」<br> | 문학동네 /<br>이노우에<br>마사지 | 혹시 비슷한 생각을 하는 사람들도 있을 수 있지만 정말 똑같이 생각하는 사람은 아무도 없습니다. 사람들의 생각은 사람들의 다양한 경험들 속에서 만들어지고 다듬어지는 과정이기 때문이에요. 그래서 사람들이 본 것은 똑같은 사과 하나였지만 그걸 본 사람들의 생각은 제각기 다른 거지요. 『하나라도 백 개인 사과』는 흑백으로 그려진 그림에 눈에 띄게 빨간 사과 하나를 그려놓고 여러 인물이 그 사과를 보고 생각한 것들을 보여주고 있습니다. 그리고 친구들에게 마치 이렇게 묻는 것 같습니다. "너희는 이 사과를 보고 어떤 생각이 드니? 너희도 한 번 머릿속의 다양한 생각을 이야기해 줘"라고 말이에요. |

| 그림책 | 출판사 / 저자 | 내 용 |
|---|---|---|
| 「지옥탕」 | 책 읽는 곰 / 손지희 | 이 책은 엄마와 함께 목욕탕에 간 여자아이의 시각으로 그려져 있습니다. 대부분의 친구는 억지로 엄마와 목욕탕에 가본 경험이 한 번쯤은 있을 거예요. 뜨거운 김이 모락모락 피어나는 숨 막히는 목욕탕에 처음 발을 내딛던 때의 무서운 느낌, 뜨거운 탕으로 들어갈 때의 깜짝 놀람, 무지막지하게 때를 밀어주는 부모님에 대한 아픈 기억도 다 떠오르겠지요? 이 그림책의 주인공도 친구들이랑 똑같답니다. 목욕탕에 들어가서 보고 느낀 것들이 생생하고 재미있게 그려져 있는 책이에요. |
| 「고양이가 찍찍」 | 어린이 나무 생각 / 미야니시 다츠야 | 쥐를 한 번도 본 적 없는 고양이와 쥐의 이야기를 다루고 있습니다. 고양이와 쥐의 우정이 가슴 속 깊이 따뜻함을 전해주고 있지요. '고양이가 찍찍'은 서로 완전히 다르고 화해할 수 없는 관계에 처한 사이라고 하더라도 서로를 이해하려는 노력은 가능할 것이라는 작가의 희망이 녹아들어 있는 책입니다. 그리고 그 희망은 단순히 이해관계를 따지는 것이 아니라, 생명에 대한 존중이라는 가장 소중한 가치를 통해서 가능하다고 말하고 있습니다. |
| 「세상에서 가장 멋진 장례식」 | 시공주니어 / 울프 닐손 | 장례식도 놀이가 될 수 있다는 것을 보여주고 있습니다. 좀 떨떠름한 놀이로 시작된 장례식은 아이들에게 죽음을 숙연하게 받아들이게 하여 주지요. 어느 여름 너무 심심해서 재미있는 일을 찾던 중, 에스테르가 우연히 죽은 벌을 발견하면서 이야기는 시작됩니다. 에스테르는 죽은 벌을 묻어주면서, 주변에 죽은 동물들이 많을 것이라며 그들을 돌봐주기로 합니다. '나'는 죽은 동물 만지기를 꺼리지만, 그들을 위해 시를 쓰고, 에스테르의 동생 푸테는 장례식에서 울음을 담당합니다. |

| 그림책 | 출판사 / 저자 | 내 용 |
|---|---|---|
| 「바니가 우리에게 해 준 열 가지 좋은 일」  | 파랑새어린이 / 주디스 바이어스트 | 고양이 바니가 죽어서 우울한 '나'는 가족과 함께 바니를 땅에 묻으며, 바니와 함께한 기억 속에서 좋았던 일 9가지를 말합니다. 아빠는 바니가 하늘나라에 갔는지는 알 수 없다고 솔직히 이야기해줍니다. 또 슬픔에 빠져 의욕이 없어진 '나'와 함께 마당에 꽃씨를 심게 됩니다. 아빠는 땅이 씨앗을 품어 꽃으로 키워줄 것이고, 흙으로 돌아간 바니 역시 꽃을 키우게 된다고 이야기해줍니다. 주인공 바니가 우리에게 해 준 열 번째 좋은 일인 것이지요. 이 책은 함께 살던 고양이가 죽었을 때 드는 상실감과 슬픔을 부모가 함께 하며 죽음이 끝없는 생명의 순환과정에 속해 있음을 알려줍니다. |
| 「치킨 마스크」  | 책 읽는 곰 / 우쓰기 미호 | 이 책을 쓴 분은 초등학교 선생님입니다. 낮에는 선생님으로 일하고 밤에는 디자인 학교를 다니며 이 책을 만들었다고 해요. 선생님은 자신감과 자존감이 부족한 아이들을 위해 따뜻한 격려의 마음을 담아 이 책을 완성했다고 합니다. 이 책은 자신감이 없는 아이에게 격려가 되는 것도 사실이지만 '나다움'이란 무언가를 찾는 친구들에게도 권할 만한 책입니다. 특히 누구처럼 자라야 한다는 말을 끊임없이 듣는 친구들이라면 더욱 필요한 책일 것입니다. |

x

x

x

x

x

x

| 그림책 | 출판사 / 저자 | 내 용 |
|---|---|---|
| 「우리 할아버지」<br> | 비룡소 /<br>존 버닝햄 | 할아버지는 손녀와 동무가 되어서 책도 보고, 소꿉놀이도 하고, 강에서 얼음지치기도 하고, 바닷가에 놀러가기도 합니다. 그렇지만 서로 다른 것을 보고, 다른 말을 하고, 이해를 못 하기도 합니다. 그래서 말 한마디에 서럽기도 하지요. 그런 할아버지가 아프더니, 덩그러니 할아버지가 앉아 있던 의자만 남게 됩니다. 빈 의자는 낯설겠지만, 곧 아이는 익숙해질 거에요. 하지만 문득 할아버지의 빈자리를 떠올리게 되겠지요. 그리고 그 아이도 어른이 되면 그런 따뜻함으로 사람들과 시간을 보내게 될 것입니다. 우리의 가슴속에 남아있는 따뜻한 누군가의 모습으로요. |
| 「쏘피가 화나면 정말, 정말 화나면」<br> | 케이유니버스 /<br>몰리뱅 | 꼬마 쏘피는 고릴라를 트럭에 태우는 놀이를 하고 있었는데, 언니가 고릴라를 빼앗아 갔어요. '내 차례야' 하고 빼앗아가는 언니나, 그 차례가 맞다면서 언니를 두둔하는 엄마 때문에 쏘피는 너무 속이 상해요. 게다가 고릴라를 빼앗길 때 쏘피는 트럭에 걸려 넘어지기까지 합니다.<br>쏘피는 화가 났습니다. 발을 굴러대고 소리를 지르는 소피의 마음은 이제 빨간 그림자로 나타납니다. '차례'라는 어른들 사회에서의 규칙 때문에 쏘피는 '빼앗긴 것 같고', 편을 안들어줘 '속상하고', 뭔가 불합리해서 '화가 난' 이 세상을 작은 조각으로 부숴버리고 싶었답니다. 그래서 빨간 그림자는 세상을 부숩니다. 와지끈... |

| 그림책 | 출판사 / 저자 | 내 용 |
|---|---|---|

「어둠을 무서워하는 꼬마 박쥐」

비룡소 / 게르다 바게너, 에밀리오 우르베 루아가

아직은 어려서 분홍 날개를 가진 꼬마 박쥐는, 어둠을 무서워합니다. 어느 날, 꼬마 박쥐는 용감한 소녀 리자를 만나게 되고, 리자가 말한 대로 어둠이라는 무서움의 대상에 맞서서 어둠을 극복하고 성장의 상징인 검은 날개를 갖게 된다는 성장 그림동화입니다.

「무지개 물고기」

시공주니어 / 마르쿠스 피스터

편견을 버리고 마음을 연다면 누구나 친구가 되어 진실된 우정을 쌓게 됨을 보여줄 뿐 아니라, 더불어 사는 삶의 기쁨을 맛보게 해줄 무지개 물고기의 모험담 속으로 아이들을 초대합니다.
무지개 물고기와 친구들의 이야기 속에는 친구와 재미있게 놀다가도 다투고 갈등하고 화해하는 등 아이들의 일상이 그대로 묻어납니다. 아울러 행복한 결말을 내놓음으로써 아이들의 마음을 끌어당길 뿐 아니라, 안도감을 심어줍니다. 용기와 나눔에 대해서도 배울 수 있습니다.

「혼나지 않게 해 주세요」

베틀북 / 구스노키 시게노리

매일 혼이 나는 주인공 어린이의 생활을 보고 있노라면 정말 안타까운 마음이 들지요. 친구에게 잘 해주고 싶은 마음에 했던 행동도 결국엔 혼이 나고, 진짜 재미있어서 했던 장난 때문에도 혼이 나고, 학교에서도 집에서도 어제도 오늘도 혼이 나는 어린이는 이제 '혼나지 않는 것'이 소원이 됩니다.

| 그림책 | 출판사 / 저자 | 내 용 |
|---|---|---|
| 「돼지책」<br> | 웅진닷컴 /<br>앤서니 브라운 | 남녀(사람)의 역할을 성에 따라 구분 짓는 고정관념을 소재로 한 그림책입니다. 요리며 청소, 빨래, 설거지 등 집안일을 몽땅 엄마에게 맡기고, 먹고 놀고 학교 가고 일하기만 하는 아빠와 아이들이 등장하는데 결국 엄마가 집을 나가고 집은 돼지우리가 돼버리지요. 글 후반부로 가면서 점점 돼지가 되어가는 가족들과 돼지 모양이 많아지는 집안의 풍경을 찾아보는 재미가 쏠쏠합니다. 마지막에 집에 돌아온 엄마는 환한 얼굴로 자동차를 정비하고, 아빠와 아이들은 함께 집안일을 하면서 기분이 좋아지게 됩니다. |
| 「고함쟁이 엄마」 | 비룡소 /<br>유타 바우어 | 책 제목만으로도 세상의 많은 부모들이 뜨끔할 책.<br>『고함쟁이 엄마』는 부모가 고함을 치는 순간, 아이들이 어떤 감정에 휩싸이는지를 잘 보여줍니다. 이 책은 "오늘 아침, 엄마가 나에게 소리를 질렀어요"로 시작해요. 엄마가 무서운 눈으로 입을 크게 벌리고 꽥 소리를 지르고 아기 펭귄은 놀라서 눈이 똥그래집니다. 그리고 곧 몸이 찢어져 흩어지지요. 머리는 우주까지 날아가고, 몸은 바다에 떨어졌어요. 날개는 밀림에, 부리는 산꼭대기에, 꼬리는 거리 한가운데로 사라져 버립니다. |

| 그림책 | 출판사 / 저자 | 내 용 |
|---|---|---|
| 「아빠, 나 사랑해요?」<br> | 국민서관 /<br><br>스티븐<br>마이클 킹 | 대화가 꼭 말로만 가능한 것은 아닙니다. 아빠는 아들을 깊이 사랑하고 있었지만, 말을 할 수 없었어요. 아빠는 자기가 할 수 있는 최선의 것으로 아들을 기쁘게 해주기 위해 노력합니다. 종이 상자 만드는 것을 좋아했기에 그것으로 아들에게 사랑을 표현하기로 마음먹지요. 상자로 비행기를 만들거나 자동차를 만들어 주기도 합니다. 비가 오면 푹 젖어버려도 괜찮아요. 상자 장난감들이 모여 아이들의 놀이터가 되기도 하거든요. 하지만 주변 사람들은 아빠를 우습게 여깁니다. 말을 하지 못하고 어눌하게 상자를 가지고 노는 모습이 '어른답지' 않다고 생각하기 때문일지도 몰라요. |
| 「나는 곰 입니다」 | 봄봄 /<br>장 프랑수와<br>뒤몽 | 사회적인 이슈, 개인과 집단과의 문제를 그림책으로 풀어내는 데 탁월한 프랑스의 작가 장 프랑수아 뒤몽이 아무런 관심도 받지 못하는 우리 사회의 낙오자를 동심의 시선에서 바라본 그림책입니다. 끊임없이 경쟁해야 하는 현대 사회에서 필연적으로 발생하는 낙오자를 곰으로 변신시켜 흥미롭게 풀어낸 이야기지요. 빨강, 파랑, 노랑을 주로 사용한 원색적인 그림은 복잡한 주제를 다루면서도 잘 정돈되고 차분한 느낌을 주며, 한 화면에 따스함과 차가움이 공존해 있습니다. |

| 그림책 | 출판사 / 저자 | 내 용 |
|---|---|---|
| 「온 세상 사람들」  | 비룡소 / 피터 스피어 | 세상에 사는 사람들이 얼마나 다른지를 있는 그대로 보여주는 책입니다. 이 책을 보면 사람들의 피부색이 얼마나 다양한지를 알 수 있고, 눈의 모습, 코의 모습, 귀의 모습, 머리카락들도 각각 다르다는 것을 한눈에 볼 수 있지요. 이 책은 큰소리를 내서 주장하거나 강조하지 않아도 우리 친구들이 책장을 넘기면서 세상의 사람이 이렇게 다양한 모습과 다양한 생각을 하고 살아가고 있다는 걸 알려주고 있습니다. 그리고 자기 자신도 그 다양한 사람 중에 하나라는 것을 자연스럽게 알려주는 아주 멋진 책이에요. |
| 「절대보지 마세요! 절대 듣지 마세요!」 | 바람의 아이들 / 변선진 | 이 책은 이 세상 모든 엄마 아빠에게 아이들의 아픔을 알아달라고 보내는 편지랍니다. 어른들이 이해 못 하는 아이들의 마음을 알아달라고 호소하는 책이지요. 그래서 이 책은 우울하기도 하고 슬프기도 합니다. 다른 예쁜 그림책들처럼 아름다운 이야기도 아니고, 하고 싶은 말을 돌려 말하지도 않습니다. 하지만 그래서 더욱 가슴에 와닿는 내용이 담겨 있습니다. 이 책은 아이들뿐 아니라, 아이들의 슬픔과 두려움을 그저 단순한 이유일 거라고 생각하고 초콜릿이나 선물을 주면 아이들은 금방 행복해질 거로 생각하는 어른들도 반드시 봐야 할 책이에요. |

유아 권리 길라잡이

| 그림책 | 출판사 / 저자 | 내용 |
|---|---|---|
| 「제랄다와 거인」  | 비룡소 / 토미 웅거러 | 어린아이를 잡아먹는 거인에게 제랄다가 잡혀갑니다. 하지만 음식을 잘 만드는 제랄다는 배고픈 거인에게 맛있는 음식을 만들어 주고, 그 맛에 반한 거인은 제랄다에게 요리사가 되어달라고 합니다. 맛있는 음식을 먹게 된 거인은 사람을 먹지 않고 제랄다와 행복하게 살게 됩니다. 마을 사람들이나 거인과 달리 제랄다는 어떤 편견도 없었어요. 누구든 상처 입고 다친 사람에게는 치료해주고 먹을 것을 주어야 한다고 생각했을 뿐이지요. 이 단순하고 명확하지만 실천하기 어려운 행동 덕분에 거인과 마을 사람들 사이에는 평화가 찾아올 수 있었던 거라고 이 책은 조용히 말하고 있습니다. |
| 「검피 아저씨의 뱃놀이」 검피 아저씨의 **뱃놀이** | 시공주니어 / 존 버닝햄 | 강가에 살면서 배를 가진 마음씨 좋은 검피 아저씨가 있습니다. 아이들은 놀면서 싸우기 마련이고, 닭이 홰를 치고, 염소가 '메에' 하고 울어대는 건 당연한 일이지요. 장난을 치거나 때로는 서로 괴롭히게 될 것을 다 알면서, 한배에 타기를 주저하지 않습니다. 그들 모두의 특성을 알고 있지만, 기꺼이 배에 함께 탑니다. 예상된 배 위의 소동은 결국 배를 뒤집어엎지만, 모두 햇볕에 옷을 말리고 차를 마시러 갑니다. 다시 만날 것을 약속하면서요. 이 행복한 뱃놀이는 끝날 것 같지가 않습니다. |

Part 4 | 유아 권리 관련 사이트 및 도서

133

| 그림책 | 출판사 / 저자 | 내 용 |
|---|---|---|
| 「지각대장 존」<br>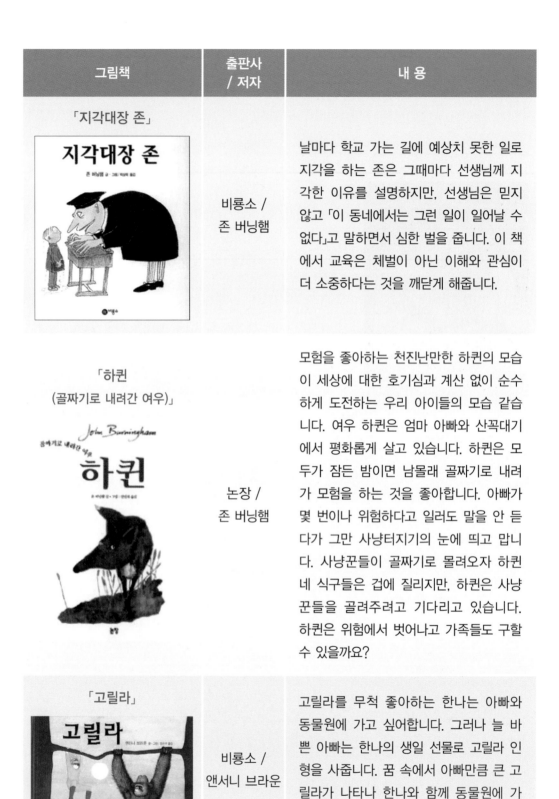 | 비룡소 /<br>존 버닝햄 | 날마다 학교 가는 길에 예상치 못한 일로 지각을 하는 존은 그때마다 선생님께 지각한 이유를 설명하지만, 선생님은 믿지 않고 「이 동네에서는 그런 일이 일어날 수 없다」고 말하면서 심한 벌을 줍니다. 이 책에서 교육은 체벌이 아닌 이해와 관심이 더 소중하다는 것을 깨닫게 해줍니다. |
| 「하퀸<br>(골짜기로 내려간 여우)」 | 논장 /<br>존 버닝햄 | 모험을 좋아하는 천진난만한 하퀸의 모습이 세상에 대한 호기심과 계산 없이 순수하게 도전하는 우리 아이들의 모습 같습니다. 여우 하퀸은 엄마 아빠와 산꼭대기에서 평화롭게 살고 있습니다. 하퀸은 모두가 잠든 밤이면 남몰래 골짜기로 내려가 모험을 하는 것을 좋아합니다. 아빠가 몇 번이나 위험하다고 일러도 말을 안 듣다가 그만 사냥터지기의 눈에 띄고 맙니다. 사냥꾼들이 골짜기로 몰려오자 하퀸네 식구들은 겁에 질리지만, 하퀸은 사냥꾼들을 골려주려고 기다리고 있습니다. 하퀸은 위험에서 벗어나고 가족들도 구할 수 있을까요? |
| 「고릴라」 | 비룡소 /<br>앤서니 브라운 | 고릴라를 무척 좋아하는 한나는 아빠와 동물원에 가고 싶어합니다. 그러나 늘 바쁜 아빠는 한나의 생일 선물로 고릴라 인형을 사줍니다. 꿈 속에서 아빠만큼 큰 고릴라가 나타나 한나와 함께 동물원에 가서 수많은 고릴라와 오랑우탄을 구경한다는 이야기가 그려진 그림동화책이에요. |

| 그림책 | 출판사 / 저자 | 내 용 |
|---|---|---|
| 「윌리와 벌렁코」<br /> | 웅진닷컴 / 앤서니 브라운 | 침팬지 윌리는 덩치가 작고 힘도 세지 않아요. 축구도 수영도 잘 못해요. 윌리가 무얼하든 다들 웃어댔지요. 어느 날, 윌리는 악당 벌렁코와 딱 마주쳤어요. 악당 벌렁코는 엄청나게 크고 무시무시하게 생겼어요. 이제 윌리는 어떻게 될까요? |
| 「달라질 거야」<br />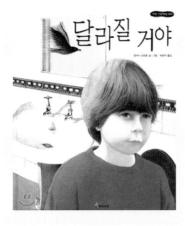 | 아이세움 / 앤서니 브라운 | 엄마는 아빠와 함께 조셉의 동생을 낳으러 병원엘 갔습니다. 집에 혼자 남은 조셉은 주변의 사물이 이전과는 다르게 보이는 것을 깨닫게 됩니다. 혼자 남겨진 아이, 아빠가 남긴 마지막 말은 '이제 달라질 거야'라는 말뿐입니다. 무엇이 달라질지 아이는 짐작도 하지 못하고 집안 사물들에 그 불안한 심리를 투영해 보게 됩니다. 밑도 끝도 알 수 없는 이상한 기분이 실린 그림들은 말로는 표현할 수 없는 감정을 고스란히 전달해 줍니다. |
| 「야, 우리 기차에서 내려!」<br /> | 비룡소 / 존 버닝햄 | 모두를 배에 태우고 가는 검피 아저씨와 정반대의 느낌이 드는 제목. "야, 우리 기차에서 내려!", 지구환경의 악화로 생존에 위험을 느낀 동물들은 – 코끼리, 물개, 곰 등 – 자신들이 처한 상황을 설명하며, 기차에 타기를 원하고 주인공과 같이 신나게 놀게 됩니다. 아침에 일어나 보니 꿈이었지만, 엄마는 "근데 집에 웬 동물들이 이렇게 많니?" 하고 묻습니다. 이 책은 환경운동가에게 바친 것이라고 합니다. 때때로 그의 이야기 속에서는 이렇게 현실의 문제를 지적하며 유쾌한 반전을 보여주기도 합니다. |

135

| 그림책 | 출판사 / 저자 | 내 용 |
|---|---|---|
| 「생쥐와 산」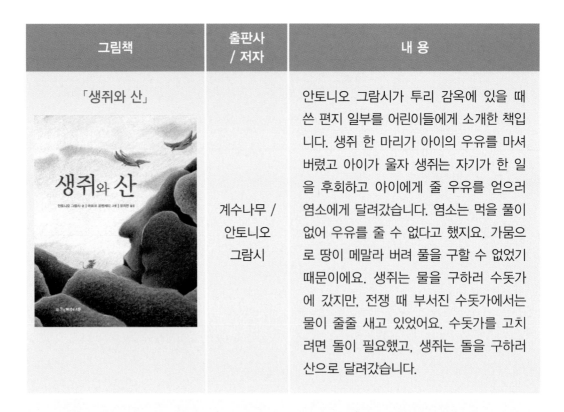 | 계수나무 / 안토니오 그람시 | 안토니오 그람시가 투리 감옥에 있을 때 쓴 편지 일부를 어린이들에게 소개한 책입니다. 생쥐 한 마리가 아이의 우유를 마셔 버렸고 아이가 울자 생쥐는 자기가 한 일을 후회하고 아이에게 줄 우유를 얻으러 염소에게 달려갔습니다. 염소는 먹을 풀이 없어 우유를 줄 수 없다고 했지요. 가뭄으로 땅이 메말라 버려 풀을 구할 수 없었기 때문이에요. 생쥐는 물을 구하러 수돗가에 갔지만, 전쟁 때 부서진 수돗가에서는 물이 줄줄 새고 있었어요. 수돗가를 고치려면 돌이 필요했고, 생쥐는 돌을 구하러 산으로 달려갔습니다. |
| 「프레드릭」 | 시공주니어 / 레오 리오니 | 『프레드릭』에는 다섯 마리의 생쥐가 나옵니다. 네 마리의 생쥐는 열심히 일하지만, 단 한 마리의 생쥐 프레드릭만이 꿈을 꾸듯 앉아 있습니다. 친구가 뭐하냐고 물으면 그저, 햇살을 모으고, 색을 모으고 있다고 대답할 뿐입니다. 그리고 어느새 겨울이 왔습니다. 다섯 마리의 생쥐들은 그동안 모아 두었던 곡식을 가지고 와서 다정하게 나누어 먹습니다. 물론 프레드릭도 함께 합니다. 너는 일하지 않았으니 먹지도 말라고 비웃지 않습니다. 아무리 열심히 일해도 물질에는 한계가 있는 법입니다. 시간이 지나자 창고가 텅텅 비어 한 톨의 쌀도 보이지 않게 됩니다. 『프레드릭』은 인간의 존재 방식에 대해 새로운 질문을 던집니다. |

| 그림책 | 출판사 / 저자 | 내용 |
|---|---|---|
| 「대포알 심프」<br> | 비룡소 / 존 버닝햄 | 심프는 작고 뚱뚱한데다 꼬리까지 뭉툭한 아주 못생긴 개예요. 그래서 아무도 심프를 사랑하지 않았어요. 심프는 집도 없었지요. 갈 곳 없이 여기저기를 떠돌아다니던 심프는 서커스단에서 어릿광대를 만났어요. 심프처럼 외롭고 쓸쓸한 어릿광대는 심프에게 가족이 되어 주었지요. 그리고 심프도 어릿광대를 위해 멋진 선물을 준비했답니다. 과연 심프는 어릿광대에게 어떤 선물을 했을까요? 떠돌이 개 심프가 모두에게 사랑받기까지 어릿광대와 함께 펼치는 가슴 따뜻한 이야기입니다. |
| 「더벅머리 페터」 | 마루벌 / 하인리히 호프만 | 아이에게 겁을 주어 스스로 먹을 것을 찾아 먹도록 하는 '처방'을 내린 대표적인 작품입니다. 억지로 먹이는 것보다는 극단적인 사례를 보여주어 스스로 숟가락을 들도록 만들겠다는 것이지요. 잘 먹지 않으면 잘 자라지 않는다는 식의 전략은 어른들이 어린이에게 쉽게 쓰는 방법의 하나입니다. 이런 종류의 이야기 전략에는 '키가 크고', '힘이 센' 강자로 자라야 한다는 내밀한 이데올로기가 숨어 있습니다. 커지고 작아지는 비약적인 이야기가 아이들을 즐겁게 간질이면서도, 작고 약한 것보다는 크고 힘센 것이 '좋은 것'이라고 내면화하게 합니다. 단지 '건강'을 위해 좋은 음식을 먹는 것이 아니라, '승리자'가 되기 위해 먹어야 하는 것이 되는 것이지요. |

| 그림책 | 출판사 / 저자 | 내 용 |
|---|---|---|
| 「난 토마토 절대 안 먹어」 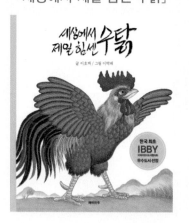 | 국민서관 / 로렌 차일드 | 편식하던 아이가 편식하지 않게 되는 이야기의 전형을 따르고 있지만, 접근 방식이 다릅니다. 먹지 않으면 키가 크지 않고 힘이 세지 않을 거라고 협박하지 않습니다. 음식에 대해 새로운 욕구를 만들어 내기 위해 애를 쓰지요. 당근은 '오렌지뽕가지뽕', 콩은 '초록방울', 토마토는 '달치익쏴아', 감자는 '구름보푸라기', 생선튀김은 '바다얌냠이'가 되어 다가갑니다. 재미도 없고 맛없는 채소가, 재미있고 신비한 것으로 탈바꿈되었습니다. "난 토마토는 먹지 않아, '달치익쏴아'만 먹을 뿐이지."라며 먹어볼 마음을 갖게 됩니다. 여기서 중요한 건 '마음을 가져본다'는 것이에요. 강요하거나 억지로 먹지 않도록 하기 위해서지요. |
| 「세상에서 제일 힘센 수탉」 | 재미마주 / 이호백 | 이야기에 등장하는 주인공 수탉은 처음부터 아주 튼튼해 보이는 수평아리로 태어났지요. 동네에서 가장 씩씩하고 힘센 병아리는 점점 자라나 동네에서 가장 힘센 수탉, 아니 세상에서 제일 힘센 수탉이 됩니다. 그런데 어느 날, 더 힘센 수탉이 나타나서 싸움에 진 후 주인공 수탉은 완전히 바뀌어버립니다. 매일 술만 먹고 신세한탄만 하지요. 더욱 나이가 들어 고기가 잘 씹히지도, 술을 더 마시지도 못하게 됩니다. 이렇게 절망에 빠진 수탉에게 아내가 말을 합니다. 당신은 아직도 세상에서 가장 힘센 수탉이라고 말이에요. 그러면서 손자들과 자식들이 얼마나 튼튼하고 씩씩하게 자랐는지 보여줍니다. 그 모습에 수탉은 기운을 차린다는 이야기입니다. |

| 그림책 | 출판사 / 저자 | 내 용 |
|---|---|---|
| 「깃털 없는 기러기 보르카」<br> | 비룡소 / 존 버닝햄 | 보르카는 깃털 없이 태어나 하늘도 잘 날지 못하고, 추워서 헤엄도 치지 못합니다. 엄마는 보르카를 위해 따뜻한 털스웨터를 떠주지만, 그걸 입고서도 여전히 날지도 헤엄도 치지 못합니다. 겨울이 되어 따뜻한 곳을 찾아 나선 가족과도 헤어지게 되지요. 슬픔에 빠져 강가에 이른 보르카는 우연히 배를 타게 됩니다. 배에서 다양한 잡일을 하며 뱃사람들과 같이 지내게 됩니다. 부족하고 약하게 태어난 자들이 힘들게 세상을 헤쳐나가고, 그들을 도와주는 친구와 동료를 만듭니다. 누구나 할 수 있는 일이 있고, 친구가 되고, 이것이 바로 약한 자들의 연대가 아닐까요? |
| 「밥 먹기 싫어」<br> | 그린북 / 크리스틴 슈나이더 | 이 책의 마지막까지 아이는 아빠가 준 수프를 절대로 먹지 않습니다. 아이는 싫어하는 음식을 버리며 자기가 원하는 것에 대한 상상을 멈추지 않고, 아빠는 아빠대로 자기가 주고 싶어하는 음식을 포기하지 않습니다. 자기 대신 잘 크고 있는 화분을 보라며 아빠의 시선을 돌리는 것에서 이야기는 끝을 맺습니다. 이책은 아이의 욕구 편에 서서 음식을 둘러싼 어린이와 어른 사이의 팽팽한 힘겨루기를 보여줍니다. 또한, 밥을 차려주는 사람이 엄마가 아닌 아빠라는 점에서 전형성을 벗어나 새로운 관점을 만들어낼 것이라는 기대를 하게 됩니다. |

| 그림책 | 출판사 / 저자 | 내 용 |
|---|---|---|
| 「세상에서 하나뿐인 특별한 나」  | 주니어김영사 / 모리에도 | 내 이름은 요타예요. 나는 말이죠. 우리 형제 중 나만 보조개가 있고요, 식구 중 나만 모기에 잘 물리고요, 친구 중 나만 물구나무서서 걸을 수 있고요, 우리 반에서 나만 연예인 사진이 없고요, 우리 학교에서 나만 빈혈로 쓰러졌고요, 옆집 개 차피가 짖지 않는 사람은 나밖에 없어요.<br>별것 아니라고요? 하지만 이건 나만이 가진 특별한 내 모습이에요. |
| 「강아지똥」 | 길벗어린이 / 권정생 | 이 책은 아무짝에도 쓸모없는 것처럼 여겨지는 강아지똥이라는 한낱 미물이 민들레꽃을 피워내는 데 소중한 거름이 된다는 이야기를 통해 생명과 자연의 가치를 가르쳐주고 있습니다. 이런 이치는 사람도 마찬가지입니다. 이 세상에 쓸모없는 사람이라는 생각을 하다가도 자신의 존재 가치를 발견하는 경험을 할 때 자기를 사랑하게 되고 생명의 소중함을 느끼게 됩니다. |

| 그림책 | 출판사 / 저자 | 내용 |
|---|---|---|
| 「나와 너」<br><br>앤서니브라운 **나와 너** | 웅진주니어 / 앤서니 브라운 | 〈금발머리와 곰 세 마리〉를 현대적인 시각으로 해석한 그림책으로, '나'와 '너'를 돌아보고 '우리'를 생각하게 합니다. 도시의 이층집에 사는 아빠 곰, 엄마 곰, 아기 곰. 어느 날 곰 가족이 산책을 다녀온 사이, 엄마와 함께 집을 나왔다가 길을 잃은 한 소녀가 우연히 곰 가족네 집에 들어가게 됩니다. 소녀는 아기 곰 침대에서 스르르 잠이 들고, 산책을 다녀온 곰 가족은 소녀를 발견하게 되지요. 아기 곰이 놀라 소리를 지르자 소녀는 깜짝 놀라 일어나 재빨리 집 밖으로 달아나는데…. 한 아이가 자신의 정체성을 찾아 나가는 과정을 그린 원작의 주제를 담아내면서, 현대 사회에서의 관계와 소통의 문제를 자연스럽게 다루고 있습니다. |

PART 5

# 유엔 아동 권리 협약

협약 내용

협약 전문

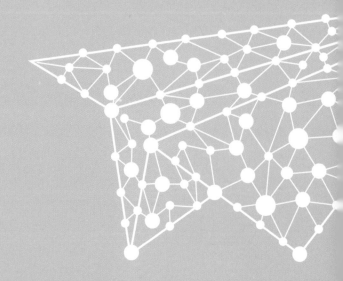

## 협약 내용

유엔 아동 권리 협약은 세계 아동의 권리장전으로 아동이 자라고 자립하는 데 필요한 권리를 규정하고 있다. 종전의 아동에 대한 시각에서 벗어나 아동을 보호의 객체에서 독립된 인격 주체로서 권리를 인정하고 있다.

협약은 전문과 함께 제1부 아동의 권리와 가입국의 아동보호 의무규정(41개 조항), 제2부 협약의 국제적 이행조치(4개 조항), 제3부 부칙(9개 조항) 합계 54개 조항으로 구성되어 있다.

제1부에서는 아동을 '18세 미만의 모든 사람'으로 규정하고, 제2조 '차별금지', 제3조 '아동 이익 최우선의 원칙', 제4조 '당사국의 협약이행 의무', 제5조 '권리행사 주체로서의 아동에 대한 부모의 지도' 등 구체적인 아동권리의 내용을 명시하고 있다.

또한, 여기에는 다양한 나라, 지역의 제도나 사회적 관습이 다른 아동에 대한 인권 침해의 구제나 권리보호를 위한 구체적인 방법도 포함하고 있다. 아동이 한 사람의 인간으로서 성장하고 자립하는 데 필요한 권리의 대부분이 여기에 규정되어 있다. 협약의 구성 및 내용을 요약하면 다음과 같다.

| 생존권 | 기본적인 삶을 누릴 수 있는 권리<br>– 적절한 생활 수준, 안전한 거주지, 충분한 영양섭취와 의료 서비스 등 |
|---|---|
| 발달권 | 아동의 잠재능력을 최대한 발휘하는 데 필요한 권리<br>– 교육, 여가와 문화생활, 정보획득, 생각과 양심의 자유 등 |
| 보호권 | 모든 위험과 차별로부터 보호받을 수 있는 권리<br>– 모든 형태의 폭력, 차별, 과도한 노동, 부당한 대우, 약물, 유해환경으로부터 보호 |
| 참여권 | 자신에게 영향을 주는 문제에 참여할 수 있는 권리<br>– 의사 표현의 자유, 아동 의견 존중, 정보 접근, 모임의 자유 등 |

**생명 생존 발달의 확보(6)**

**이름 국적 취득(7)**

| 생존권 | 발달권 | 보호권 | 참여권 | 곤란한 상황에 있는 아동의 권리 보호 |
|---|---|---|---|---|
| • 건강·의료에의 권리(24)<br>• 의료시설에서 치료받고 있는 아동에 대한 정기적인 심사(25)<br>• 사회보장에의 권리(26)<br>• 생활 수준에의 권리(27) | 가.<br>가정적 환경에의 권리<br>부모를 알 권리(7), 자아정체성의 확보(8), 부모로부터 분리 금지(9), 가족재회 출입국의 자유(10), 국외 불법이송 방지(11), 부모의 일차적 교육책임(18), 대안 양육(20), 양자입양(21)<br>나.<br>교육에의 권리(28), (29)<br>다.<br>휴식·여가·문화적 예술적 생활에의 참여권(31) | • 부모에 의한 학대·방임·착취로부터의 보호(19)<br>• 경제적 착취·유해노동으로부터의 보호(32)<br>• 마약·향정신약으로부터의 보호(33)<br>• 성적착취·학대로부터의 보호(34)<br>• 유괴·매춘·매매의 방지(35)<br>• 기타 모든 형태의 착취로부터의 보호(36)<br>• 자유를 빼앗긴 아동에 대한 적절한 보호(37)<br>• 소년사법에 관한 권리(40) | 가.<br>자기 결정·자립 의사 표현권(12)<br>사생활·통신·명예의 보호(16)<br><br>나.<br>시민적 참여 표현·정보의 자유(13)<br>사상·양심·종교의 자유(14)<br>결사·집회의 자유(15)<br>매체 접근권(17) | • 난민 아동의 보호와 원조(22)<br>• 장애아의 권리(23)<br>• 소수자·원주민 아동의 권리(30)<br>• 무력분쟁에 의한 아동의 보호(38)<br>• 희생된 아동의 심신 회복 및 복귀 |

이 협약의 당사국은, 국제연합헌장에 선언된 원칙에 따라, 인류사회의 모든 구성원의 고유 존엄성 및 평등하고 양도할 수 없는 권리를 인정하는 것이 세계의 자유, 정의 및 평화의 기초가 됨을 고려하고, 국제연합체제 아래의 모든 국민은 기본적인 인권과 인간의 존엄성 및 가치에 대한 신념을 헌장에서 재확인하였고, 확대된 자유 속에서 사회진보와 생활 수준의 향상을 촉진하기로 결의하였음에 유념하며, 국제연합이 세계인권선언과 국제인권규약에서 모든 사람은 인종, 피부색, 성별, 언어, 종교, 정치적 또는 기타의 의견, 민족적 또는 사회적 출신, 재산, 출생 또는 기타의 신분 등 어떠한 종류 구분에 의한 차별 없이 동 선언 및 규약에 규정된 모든 권리와 자유를 누릴 자격이 있음을 선언하고 동의하였음을 인정하고, 국제연합이 세계인권선언에서 아동 시절에는 특별한 보호와 원조를 받을 권리가 있다고 선언하였음을 상기하며, 사회의 기초집단이며 모든 구성원 특히 아동의 성장과 복지를 위한 자연적 환경으로서의 가족에게는 공동체 내에서 그 책임을 충분히 감당할 수 있도록 필요한 보호와 원조가 부여되어야 함을 확신하며, 아동은 사회에서 한 개인으로 사는 삶을 영위할 수 있도록 충분히 준비돼야 하며, 국제연합헌장에 선언된 이상의 정신과 특히 평화, 존엄, 관용, 자유, 평등, 연대의 정신 속에서 양육되어야 함을 고려하고, 아동에게 각별한 보호를 제공하여야 할 필요성은 1924년 아동권리에 관한 제네바선언과 1959년 11월 20일 총회에 의하여 채택된 아동권리선언에 명시되어 있으며, 세계인권선언, 시민적 및 정치적 권리에 관한 국제규약(특히 제23조와 제24조), 경제적/사회적 및 문화적 권리에 관한 국제규약(특히 제10조) 및 아동의 복지와 관련된 전문기구와 국제기구의 규정 및 관련 문서에서 인정되었음을 유념하고, 아동권리선언에 나타나 있는 바와 같이, "아동은 신체적, 정신적 미성숙으로 인하여 출생 전후를 막론하고 적절한 법적 보호를 포함한 특별한 보호와 배려가 필요하다"는 점에 유념하고, "국내적 또는 국제적 양육위탁과 입양을 별도로 규정하는 아동의 보호와 복지에 관한 사회적 및 법적 원칙에 관한 선언"의 제 규정, "소년법 운용을 위한 국제연합 최소표준규격"(베이징규칙) 및 "비상시 및 무력충돌 시 부녀자와 아동의 보호에 관한 선언"을 상기하고, 세계 모든 국가에 예외적으로 어려운 여건 아래에 생활하고 있는 아동들이 있으며, 이 아동들은 특별한 고려가 필요함을 인정하고, 아동의 보호와 조화로운 발전을 위하여 각 민족의 전통과 문화적 가치의 중요성을 충분히 고려하고, 모든 국가, 특히 개발도상국 아동의 생활여건을 향상하기 위한 국제협력의 중요성을 인정하면서, 다음과 같이 합의하였다.

| 제2조 | 우리는 어떤 경우에도 차별받아서는 안 됩니다. 우리와 우리의 부모님이 어떤 사람이건, 어떤 인종이건, 어떤 종교를 믿던, 어떤 언어를 사용하건, 부자건, 가난하건, 장애가 있건 없건 모두 동등한 권리를 누려야 합니다. |
| --- | --- |
| 제5조 | 우리의 부모님이나 우리를 보호하는 다른 어른들은 우리를 지도할 권리와 책임이 있습니다. |
| 제6조 | 우리는 타고난 생명을 보호받고 건강하게 자랄 권리가 있습니다. |
| 제12조 | 우리에게 영향을 미치는 문제를 결정할 때 우리는 의견을 말할 권리가 있습니다. |
| 제16조 | 우리는 사생활을 간섭받지 않아야 합니다. 우리가 주고받는 전화, 메일 등을 다른 사람이 마음대로 보아서도 안 됩니다. |
| 제28조 | 우리는 초등교육은 무료로 받을 수 있어야 하며, 능력에 맞게 더 높은 교육도 받을 수 있어야 합니다. |
| 제32조 | 우리는 위험하거나 교육에 방해되거나 우리의 몸과 마음에 해가 되는 노동을 해서는 안 됩니다. |

# 유엔 아동 권리 협약

1989년 11월 20일 유엔총회에서 채택

## 서 론

이 협약의 당사국은,

유엔헌장에 선언된 원칙에 따라, 인류사회의 모든 구성원의 고유한 존엄성 및 평등하고 양도할 수 없는 권리를 인정하는 것이 세계의 자유, 정의 및 평화의 기초가 됨을 고려하고,

유엔체제 아래의 모든 국민들은 기본적인 인권과 인간의 존엄성 및 가치에 대한 신념을 유엔헌장에서 재확인하였고, 확대된 자유 속에서 사회발전과 생활수준의 향상을 촉진하기로 결의하였음에 유념하며,

유엔은 세계인권선언과 국제인권협약을 통해 모든 사람은 인종, 피부색, 성별, 언어, 종교, 정치적 또는 기타의 의견, 민족적 또는 사회적 출신, 재산, 출생 또는 기타의 신분 등 어떠한 종류 구분에 의한 차별 없이 동 선언 및 협약 에 규정된 모든 권리와 자유를 향유할 자격이 있음을 선언하고 동의하였음을 인정하고,

유엔은 세계인권선언을 통해 모든 사람은 유년기에 특별한 보호와 도움을 받을 권리가 있다고 선언하였음을 상기하며,

가족은 사회의 기초집단이며 모든 구성원 특히 아동의 성장과 복지를 위한 자연적 환경으로서 공동체 안에서 그 책임을 충분히 감당할 수 있도록 필요한 보호와 지원이 부여되어야 함을 확신하며,

아동은, 완전하고 조화로운 인격 발달을 위하여, 가족적 환경과 행복, 사랑 및 이해의 분위기 속에서 성장하여야 함을 인정하고,

아동은 사회에서 한 개인으로서의 삶을 영위할 수 있도록 충분히 준비되어져야 하며, 유엔헌장을 통해 선언한 이상주의 정신과 특히 평화, 존엄, 관용, 자유, 평등, 연대의 정신 속에서 양육되어야 함을 고려하고,

아동에게 각별한 보호를 제공하여야 할 필요성은 1924년 아동권리에 관한 제네바 선언과 1959년 11월 20일 유엔총회에 의하여 채택된 아동권리선언에 명시되어 있으며, 세계인권선언, 시민적·정치적 권리에 관한 국제협약(특히 제23조와 제24조), 경제적·사회적·문화적 권리에 관한 국제협약(특히 제10조) 및 아동의 복지와 관련된 전문기구와 국제기구의 규정 및 관련문서에서 인정되었음을 유념하고,

아동권리선언문에 나타나 있는 바와 같이, "아동은 신체적, 정신적 미성숙으로 인하여 출생전후를 막론하고 적절한 법적 보호를 포함한 특별한 보호와 배려를 필요로 한다"는 점에 유념하고,

"국내외 양육위탁과 입양을 별도로 규정하는 아동의 보호와 복지에 관한 사회적·법적 원칙에 관한 선언"의 제규정, "소년법 집행을 위한 유엔 최소표준규정"(베이징규정) 및 "비상시·무력충돌시 부녀자와 아동의 보호에 관한 선언"을 상기하고, 세계 모든 국가에 예외적으로 어려운 여건 아래 생활하고 있는 아동들이 있으며, 이 아동들은

특별한 배려를 필요로 함을 인정하고, 아동의 보호와 조화로운 발전을 위하여 각 민족의 전통과 문화적 가치의 중요성을 충분히 고려하고, 모든 국가, 특히 개발도상국가 아동의 생활여건을 향상시키기 위한 국제협력의 중요성을 인정하면서, 다음과 같이 합의하였다.

# 제 1 부

### 제 1 조

이 협약의 목적상, 아동이라 함은 해당 아동법규에 의하여 미리 성년에 달하지 아니하는 한, 18세 미만의 모든 사람을 의미한다.

### 제 2 조

1. 당사국은 자국의 관할권 안에서 아동 또는 그의 부모나 법정 후견인의 인종, 피부색, 성별, 언어, 종교, 정치적 또는 기타의 의견, 민족적, 인종적 또는 사회적 출신, 재산, 장애, 출생 또는 기타의 신분에 관계없이 그리고 어떠한 종류의 차별이 없이 이 협약에 규정된 권리를 존중하고, 각 아동에게 보장하여야 한다.

2. 당사국은 아동이 그의 부모나 법정 후견인 또는 가족 구성원의 신분, 활동, 표명된 의견을 이유로 받게 되는 모든 형태의 차별이나 처벌로부터 보호되도록 보장하는 모든 적절한 조치를 취하여야 한다.

### 제 3 조

1. 공공 또는 민간 사회복지기관, 법원, 행정당국, 또는 입법기관 등에 의하여 실시되는 아동에 관한 모든 활동에 있어서 아동의 최상의 이익이 최우선적으로 고려되어야 한다.

2. 당사국은, 아동의 부모, 법정 후견인, 또는 여타 아동에 대하여 법적 책임이 있는 자의 권리와 의무를 고려하여, 아동복지에 필요한 보호와 배려를 아동에게 보장하고, 이를 위하여 모든 적절한 입법적, 행정적 조치를 취하여야 한다.

3. 당사국은 아동을 보살피고 보호하기 위한 책임을 지고 있는 기관과 시설에서 관계당국이 설정한 기준 - 특히 안전, 건강, 직원의 숫자, 직원의 적격성 및 충분한 감독 - 을 지켜나가도록 조치를 취해야 한다.

### 제 4 조

당사국은 이 협약에서 인정된 권리를 실현하기 위한 모든 적절한 입법적, 행정적 및 여타의 조치를 취하여야 한다. 경제적·사회적·문화적 권리에 관하여 당사국은, 가용 자원의 최대한도까지 그리고 필요한 경우에는 국제협력의 테두리 안에서, 이러한 조치를 취하여야 한다.

### 제 5 조

아동이 이 협약에서 인정된 권리를 행사함에 있어서, 당사국은 부모 또는, 적용 가능한 경우, 현지 관습에 의하여 인정되는 확대가족이나 공동체의 구성원, 법정 후견인 또는 기타 아동에 대한 법적 책임자들이 아동의 능력발달에 상응하는 방법으로 적절한 감독과 지도를 행할 책임과 권리 및 의무를 가지고 있음을 존중하여야 한다.

### 제 6 조

1. 당사국은 모든 아동이 고유의 생명권을 가지고 있음을 인정한다.

2. 당사국은 가능한 최대한도로 아동의 생존과 발달을 보장하여야 한다.

### 제 7 조

1. 아동은 출생 후 즉시 등록되어야 하며, 출생 시부터 성명권과 국적 취득권을 가지며, 가능한 한 자신 의 부모를 알고 부모에 의하여 양육 받을 권리를 가진다.

2. 당사국은 이 분야의 국내법 및 관련 국제문서상의 의무에 따라 이러한 권리가 실행되도록 보장하여야 하며, 권리가 실행되지 아니하여 아동이 무국적으로 되는 경우에는 특히 그러하다.

제 8 조

1. 당사국은 법률에 의해 인정되는 아동의 국적, 성명 및 가족관계를 포함하여 아동의 정체성을 유지할 권리를 존중하되 이를 불법적으로 방해하지 않는다.

2. 아동이 그의 신분요소 중 일부 또는 전부를 불법적으로 박탈당한 경우, 당사국은 그의 신분을 신속하게 회복하기 위하여 적절한 지원과 보호를 제공하여야 한다.

제 9 조

1. 당사국은, 사법적 심사의 구속을 받는 관계당국이 해당 법률 및 절차에 따라서 부모와의 이별이 아동의 최상의 이익을 위하여 필요하다고 결정하는 경우 이외에는, 아동이 그의 의사에 반하여 부모로부터 헤어지지 아니하도록 보장하여야 한다. 위의 결정은 부모에 의한 아동 학대 또는 유기의 경우나 부모의 별거로 인하여 아동의 거처에 관한 결정이 내려져야 하는 등 특별한 경우에 필요할 수 있다.

2. 제1항에 따른 모든 절차와 관련하여 모든 이해당사자는 그 절차에 참가하여 자신의 견해를 표시할 기회가 부여되어야 한다.

3. 당사국은 아동의 최상의 이익에 반하는 경우 이외에는 한쪽 부모 혹은 양쪽 부모로부터 헤어진 아동이 정기적으로 부모와 개인적 관계를 유지하고 직접적인 면접교섭을 유지할 권리를 가짐을 존중하여야 한다.

4. 부모와의 이별이 국가에 의한 한쪽 부모 혹은 양부모의 감금, 투옥, 망명, 강제퇴거 또는 사망(국가가 억류하고 있는 동안 발생한 모든 원인에 기인한 사망을 포함하여) 때문인 경우에는, 당사국은 그 정보의 제공이 아동의 복지에 해롭지 아니하는 한,

부모, 아동 또는 적절한 경우 여타 가족구성원에게 부재중인 가족구성원의 소재에 관해 본질적인 정보를 제공하여야 한다. 또한 당사국은 그러한 정보의 제공이 관련자에게 불리한 결과를 초래하지 아니하도록 조치를 취해야 한다.

## 제 10 조

1. 제9조 1항에 규정된 당사국의 의무에 따라서, 가족의 재결합을 위하여 아동 또는 그 부모가 당사국에 입국하거나 출국하기 위한 신청은 당사국에 의하여 긍정적이며 인도적인 방법으로 그리고 신속하게 취급되어야 한다. 또한 당사국은 이러한 신청에 대한 처리로 인해 신청자와 그의 가족 구성원들에게 불리한 결과를 초래하지 아니하도록 조치를 취해야 한다.

2. 부모가 타국에 거주하는 아동은 예외적 상황 이외에는 정기적으로 부모와 개인적 관계 및 직접적인 면접교섭을 유지할 권리를 갖는다. 이러한 목적에 비추어 그리고 제9조 제1항에 규정된 당사국의 의무에 따라서 당사국은 아동과 그의 부모가 본국을 포함하여 어떠한 국가로부터 출국할 수 있고 또한 본국으로 입국할 수 있는 권리를 존중하여야 한다. 어떠한 국가로부터 출국할 수 있는 권리는 국가안보, 공공질서, 공중보건, 타인의 권리와 자유를 보호하기 위해 필요하기 때문에 법으로 출국을 금하고 있는 경우가 아닌 경우에만 제약을 받으며, 이 협약이 인정하고 있는 다른 권리와 일치한다.

## 제 11 조

1. 당사국은 아동의 불법 해외이송 및 미(未)귀환을 금지하기 위한 조치를 취하여야 한다.

2. 이 목적을 위해 당사국은 해당 국가와 양자 또는 다자 협정의 체결이나 기존협정에의 가입을 위해 노력해야 한다.

제 12 조

1. 당사국은 자신의 견해를 형성할 능력이 있는 아동에 대하여 본인에게 영향을 미치는 모든 문제에 있어서 자신의 견해를 자유스럽게 표시할 권리를 보장하며, 아동의 견해에 대하여는 아동의 연령과 성숙 정도에 따라 정당한 비중이 부여되어야 한다.

2. 이러한 목적을 위하여, 특히 아동에게 영향을 미치는 어떠한 사법적, 행정적 절차에 있어 아동이 직접 또는 대리인이나 적절한 기관을 통하여 진술할 기회가 국내법의 절차에 따라 주어져야 한다.

제 13 조

1. 아동은 표현의 자유를 갖는다. 이 권리는 구두, 필기 또는 인쇄, 예술의 형태 또는 아동이 선택하는 기타의 매체를 통하여 모든 종류의 정보와 사상을 국경에 관계없이 추구하고 접수하며 전달하는 자유를 포함한다.

2. 이 권리의 행사는 일정한 제한을 받을 수 있다. 다만 이 제한은 오직 법률에 의하여 규정되고 다음 경우에 해당된다.
   가 : 타인의 권리 혹은 명예를 존중해야 하는 경우
   나 : 국가안보, 공공질서, 공중보건 또는 윤리상 필요한 경우

제 14 조

1. 당사국은 아동의 사상, 양심 및 종교의 자유에 대한 권리를 존중하여야 한다.

2. 당사국은 아동의 능력발달에 맞게 권리를 행사할 수 있도록 지도할 수 있는 부모 혹은 법적 후견인의 권리와 의무를 존중해야 한다.

3. 종교와 신념을 표현하는 자유는 오직 법률에 의하여 규정되고 공공의 안정, 질서, 보건, 윤리 또 는 타인의 기본권적 권리와 자유를 보호하기 위하여 필요한 경우에

만 제한될 수 있다.

제 15 조

1. 당사국은 아동에게 결사의 자유와 평화적 집회의 자유에 대한 권리가 있음을 인 정한다.

2. 이 권리의 행사에 대하여는 법률에 따라 부과되고 국가안보 또는 공공의 안전, 공 공질서, 공중보건, 윤리, 보호 또는 타인의 권리와 자유의 보호를 위하여 민주사 회에서 필요한 것 이외의 어떠한 제한도 과하여져서는 안 된다.

제 16 조

1. 어떠한 아동도 사생활, 가족, 가정 또는 서신 왕래에 대하여 독단적이거나 불법적 인 간섭을 받지 아니 하며 또한 명예나 신망에 대한 불법적인 공격을 받지 아니 한다.

2. 아동은 이러한 간섭 또는 비난으로부터 법률의 보호를 받을 권리를 갖는다.

제 17 조

당사국은 대중매체가 수행하는 중요한 기능을 인정하며, 아동이 국내외의 다양한 소 식통으로부터 정보와 자료, 특히 아동의 사회적·정신적·윤리적 복지와 신체적·정신 적 건강의 향상을 목적으로 하는 정보와 자료를 접할 수 있도록 해야 한다. 이 목적 을 위하여 당사국은,

가. 대중매체가 아동에게 사회적, 문화적으로 유익하고 제29조의 정신에 부합되는 정 보와 자료를 보급하도록 장려하여야 한다.
나. 다양한 문화와 국내외의 소식통에 의한 정보와 자료의 제작, 교환 및 보급을 위 한 국제협력을 장려하여야 한다.
다. 아동도서의 보급과 제작을 장려하여야 한다.

라. 대중매체로 하여금 소수집단의 아동 혹은 원주민 아동이 언어상 겪는 곤란에 특별한 관심을 기울이도록 장려하여야 한다.

마. 제13조와 제18조의 규정을 유념하며 아동복지에 해로운 정보와 자료로부터 아동을 보호하기 위한 적절한 지침을 개발하도록 권장해야 한다.


제 18 조

1. 당사국은 양부모 즉, 아버지와 어머니가 아동의 양육과 발전에 공동책임을 진다는 원칙이 인정받을 수 있도록 최선의 노력을 기울여야 한다. 부모 또는 경우에 따라서 법정 후견인은 아동의 양육과 발전에 일차적 책임을 진다. 아동에게 주어지는 최상의 이익이 그들의 기본적 관심이 된다.


2. 이 협약에 규정된 권리를 보장하고 촉진시키기 위하여, 당사국은 아동의 양육책임 이행에 있어서 부모와 법정 후견인에게 적절한 지원을 제공하여야 하며, 아동보호를 위한 기관, 시설 및 편의의 개발을 보장하여야 한다.


3. 당사국은 취업부모의 아동들이 이용할 수 있는 아동보호를 위한 편의 및 시설 사용에 대한 권리가 있음을 보장하기 위하여 모든 적절한 조치를 취하여야 한다.


제 19 조

1. 당사국은 아동이 부모, 법정 후견인 또는 기타 아동양육자의 양육을 받고 있는 동안 모든 형태의 신체적·정신적 폭력, 상해, 학대, 유기, 방임적 대우, 성적 학대를 포함한 혹사나 착취로부터 아동을 보호하기 위하여 모든 적절한 입법적, 행정적, 사회적, 교육적 조치를 취하여야 한다.


2. 이러한 보호조치는 아동과 아동 양육자에게 필요한 지원을 제공하기 위한 사회 계획의 수립은 물론, 상기된 바와 같은 아동학대 사례를 여러 방법으로 방지하거나 확인, 보고, 조회, 조사, 처리 및 추적하고 또한 적절한 경우에는 사법적 개입을 가능하게 하는 효과적 절차를 적절히 포함하여야 한다.

제 20 조

1. 일시적 또는 항구적으로 가족적 환경을 박탈당하거나, 가족적 환경에 있는 것이 자신의 최상의 이익을 위하여 허용될 수 없는 아동은 국가로부터 특별한 보호와 지원을 받을 권리가 있다.

2. 당사국은 국내법에 따라 이러한 아동을 위한 대체적 보호조치를 마련해야 한다.

3. 이러한 보호조치는 특히 양육위탁, 회교법의 카팔라, 입양, 또는 필요한 경우 적절한 아동 양육기관에 두는 것을 포함한다. 해결책을 모색하는 경우에는 아동 양육에 있어 계속성 보장이 바람직하다는 점과 아동의 인종적, 종교적, 문화적, 언어적 배경을 적절히 감안하여 조치한다.

제 21 조

입양제도를 인정하거나 허용하는 당사국은 아동에게 주어지는 최상의 이익이 최우선적으로 고려되도록 보장하여야 하며, 또한 당사국은,

가. 아동의 입양은, 해당 법률과 절차에 따라서 그리고 적절하고 신빙성 있는 모든 정보에 기초하여, 입양이 부모, 친척 및 법정 후견인에 대한 아동의 신분에 비추어 허용될 수 있음을, 그리고 관련자가 필요한 상담을 통해 입양과 관련한 내용을 알고 동의했음을 전제로, 자격이 있는 관계당국에 의해서만 허가되도록 보장하여야 한다.
나. 국제입양은, 아동을 위탁 양육자나 입양가족이 맡을 수 없다거나 또는 어떠한 적절한 방법으로도 출신국가에서 양육되어질 수 없는 경우, 아동 양육의 대체수단으로서 고려될 수 있음을 인정하여야 한다.
다. 국제입양 대상 아동에게 국내입양의 경우와 대등한 보호조치와 기준이 적용되도록 보장하여야 한다.
라. 국제입양에 있어서 아동의 위탁이 관계자들에게 부당한 재정적 이익을 주는 결과가 되지 아니하도록 모든 적절한 조치를 취하여야 한다.

마. 해당되는 경우 양자 또는 다자 약정이나 협정을 체결함으로써 본 조의 목적을 촉진시키며, 이러한 테두리 안에서 아동의 타국 내 입양 위탁이 유자격 기관이나 기구에 의해 반드시 추진되도록 한다.

제 22 조

1. 당사국은 난민으로서의 지위를 구하거나 또는, 적용 가능한 국제법 및 국내법과 절차에 따라 난민으로 취급되는 아동이, 부모나 기타 다른 사람과의 동반 여부에 관계없이, 이 협약 및 당해 국가가 당사국인 다른 국제 인권 또는 인도주의 관련 문서에 규정된 적용 가능한 권리를 향유함에 있어서 적합한 보호와 인도적 지원을 받을 수 있도록 하기 위하여 적절한 조치를 취하여야 한다.

2. 이 목적을 위하여, 당사국은 유엔 및 유엔과 협력하는 여타의 권한 있는 정부간 또는 비정부간 기구들이 그러한 아동을 보호, 원조하고 가족재결합에 필요한 정보를 획득하기 위하여 난민 아동의 부모나 다른 가족구성원을 추적하는데 기울이는 어떠한 노력에 대하여도 적절하다고 판단되는 협조를 제공하여야 한다. 부모나 다른 가족구성원을 발견할 수 없는 경우, 그 아동은 어떠한 이유로 인하여 영구적 또는 일시적으로 가족환경을 박탈당한 다른 아동과 마찬가지로 이 협약에 규정된 바와 같은 보호를 받아야 한다.

제 23 조

1. 당사국은 정신·신체 장애아동에게 존엄성을 보장하고 자립을 촉진하며 적극적 사회참여를 조장하는 등 그들이 마음껏 품위 있는 생활을 누려야 한다는 점을 인정한다.

2. 당사국은 장애아동에게 특별한 보호를 받을 권리가 있음을 인정하며, 아동의 여건과 부모나 다른 아동양육자의 여건에 적합한 지원을 활용 가능한 재원의 범위 안에서, 이를 받을만한 아동과 그의 양육책임자에게 제공하도록 조치를 취해야 한다.

3. 장애아동의 특별한 곤란을 인식하며, 본 조 제2항에 따라 제공되는 지원은 부모나 다른 아동양육자의 재정형편을 고려하여 가능한 한 무상으로 제공되어야 하며, 가능한 한 장애아동의 전면적인 사회 참여와 문화적, 정신적 발전을 포함한 개인적 발전을 위해 그 아동이 교육, 훈련, 건강관리지원, 재활지원, 취업준비 및 오락 기회를 효과적으로 이용하고 제공받을 수 있도록 계획되어야 한다.

4. 당사국은 국제협력의 정신에 입각하여, 장애아동에 대한 예방의학, 의학적·심리적·기능적 치료분야에 대해 적합한 정보를 외국과 교환해야 한다. 이러한 정보교류는 이 분야의 치료분야에 대한 해당국의 대처능력과 기술 및 경험을 높이기 위한 것으로 장애아동의 재활, 교육 및 직업보도에 관한 정보의 교류가 포함된다. 이 문제에 있어서 개발도상국의 필요에 대하여 특별한 배려가 있어야 한다.

제 24 조

1. 당사국은 도달 가능한 최상의 건강수준을 향유하고, 질병의 치료와 건강의 회복을 위한 시설을 사용할 수 있는 아동의 권리를 인정한다. 당사국은 건강서비스의 이용에 관한 아동의 권리가 박탈되지 아니하도록 노력하여야 한다.

2. 당사국은 이 권리의 완전한 이행을 추구하여야 하며, 특히 다음과 같은 적절한 조치를 취하여야 한다.

　가. 유아와 아동의 사망률을 감소시키기 위한 조치
　나. 기초건강관리의 발전에 중점을 두면서 모든 아동에게 필요한 의료지원과 건강관리의 제공을 보장하는 조치
　다. 환경오염으로 인한 위험을 고려하여 기초건강관리 체계 안에서 무엇보다도 용이하게 이용 가능한 기술의 적용과 충분한 영양식 및 깨끗한 음료수의 제공 등을 통하여 질병과 영양실조를 퇴치하기 위한 조치
　라. 산모를 위하여 출산 전후의 적절한 건강관리를 보장하는 조치
　마. 모든 사회구성원, 특히 부모와 아동에게 아동의 건강과 영양, 모유 수유의 유

익성, 위생 및 환경 위생 시설 그리고 사고예방에 관한 기초지식의 활용에 있어서 정보를 제공받고 교육지원을 받도록 하는 조치

바. 예방적 건강관리, 부모를 위한 지도 및 가족계획에 관한 교육과 편의를 발전시키는 조치

3. 당사국은 아동의 건강을 해치는 전통적 관습을 폐지하기 위하여 모든 효과적이고 적절한 조치를 취하여야 한다.

4. 당사국은 본 조에서 인정된 권리의 완전한 실현을 점진적으로 달성하기 위하여 국제협력을 촉진하고 장려하여야 한다. 이 문제에 있어서 개발도상국의 필요에 대해 특별히 배려해야 한다.

제 25 조

당사국은 신체적, 정신적 건강의 관리, 보호 또는 치료의 목적으로 관계 당국에 의하여 양육지정 조치된 아동이, 제공되는 치료 및 양육지정과 관련된 여타 모든 실정에 대해 정기적으로 평가받을 수 있는 권리를 갖고 있음을 인정한다.

제 26 조

1. 당사국은 모든 아동이 사회보험을 포함한 사회보장제도의 혜택을 받을 권리를 갖고 있음을 인정하며, 국내법에 따라 이 권리의 완전한 실현을 달성하기 위하여 필요한 조치를 취하여야 한다.

2. 이러한 혜택은 아동 및 아동에 대한 부양책임자의 재정능력과 상황은 물론 아동에 의하여 직접 행해지거나 또는 아동을 대신하여 행해지는 혜택의 신청과 관련된 여타의 사정을 참작하여 적절한 경우에 부여되어야 한다.

제 27 조

1. 당사국은 모든 아동이 신체적, 지적, 정신적, 윤리적, 사회적 발달에 적합한 생활

수준을 누릴 권리를 갖고 있음을 인정한다.

2. 부모 또는 기타 아동에 대하여 책임을 지고 있는 사람은 능력과 재정상황의 범위 안에서 아동발달에 필요한 생활여건을 제공할 일차적 책임을 진다.

3. 당사국은 국가적인 여건과 재원의 범위 안에서 부모 또는 기타 아동에 대하여 책임을 지고 있는 사람이 이 권리를 실현하도록 지원하기 위한 적절한 조치를 취하여야 하며, 필요한 경우에는 특히, 영양, 의복 및 주거에 대하여 물질적 보조 및 지원계획을 제공하여야 한다.

4. 당사국은 국내외에 거주하는 부모 또는 기타 아동에 대하여 재정적으로 책임을 지고 있는 사람으로부터 아동양육비를 회수하기 위한 모든 적절한 조치를 취하여야 한다. 특히 아동에 대하여 재정적으로 책임을 지는 사람이 아동이 거주하는 국가와 다른 국가에 거주하는 경우, 당사국은 국제협약의 가입이나 그러한 협약의 체결은 물론 다른 적절한 조치의 강구를 촉진하여야 한다.

제 28 조

1. 당사국은 아동의 교육에 대한 권리를 인정하며, 점진적으로 그리고 기회균등의 기초 위에서 이 권리를 달성하기 위하여 특히 다음의 조치를 취하여야 한다.

　가. 초등교육은 의무적이며, 모든 사람에게 무료로 제공되어야 한다.
　나. 일반교육 및 직업교육을 포함한 여러 형태의 중등교육의 발전을 장려하고, 이에 대한 모든 아동의 이용 및 접근이 가능하도록 하며, 무료교육의 도입 및 필요한 경우 재정적 지원을 제공하는 등의 적절한 조치를 취하여야 한다.
　다. 모든 사람에게 고등교육의 기회가 능력에 입각하여 개방될 수 있도록 모든 적절한 조치를 취하여야 한다.
　라. 교육 및 직업에 관한 정보와 지도를 모든 아동이 이용하고 접근할 수 있도록 조치하여야 한다.
　마. 학교의 정기 출석을 권장하고 중퇴율을 감소하기 위한 조치를 취하여야 한다.

2. 당사국은 학교 규율이 아동의 인간적 존엄성과 합치하고 이 협약에 부합하도록 운영되는 것을 보장하기 위한 모든 적절한 조치를 취하여야 한다.

3. 당사국은, 특히 전 세계의 무지와 문맹 퇴치에 기여하고, 과학적, 기술적 지식과 현대적 교육방법에의 접근을 용이하게 하기 위하여, 교육에 관련되는 사항에 있어서 국제협력을 촉진하고 장려하여야 한다. 이 문제에 있어서 개발도상국의 필요에 대하여 특별히 배려해야 한다.

제 29 조

1. 당사국은 아동교육이 다음의 목표를 지향하여야 한다는데 동의한다.

   가. 아동의 인격, 재능 및 정신적, 신체적 능력을 최대한 계발한다.
   나. 인권과 기본 자유 및 유엔헌장에 내포된 원칙을 존중한다.
   다. 자신의 부모, 문화적 주체성, 언어 및 가치 그리고 현 거주국과 출신국의 국가적 가치 및 이질문화를 존중한다.
   라. 아동이 인종적, 민족적, 종교적 집단 및 원주민 등 모든 사람과의 관계에 있어서 이해, 평화, 관용, 남녀평등 및 우정의 정신에 입각하여, 자유사회에서 책임 있는 삶을 영위하도록 준비시킨다.
   마. 자연환경을 존중한다.

2. 본 조 또는 제28조의 어떠한 부분도 개인이나 단체가 교육기관을 설립하여 운영할 수 있는 자유를 침해하는 것으로 해석되어서는 안 된다. 이는 본 조 제1항에 규정된 원칙들을 준수하고 당해 교육기관에서 실시되는 교육이 국가에 의하여 설정된 최소한의 기준에 부합하여야 한다는 조건을 따른다.

제 30 조

인종적, 종교적 또는 언어적 소수집단 혹은 원주민이 존재하는 국가에서 이러한 소수민족의 아동 혹은 원주민 아동은 자기 집단의 다른 구성원들과 함께 고유문화를 향

유하고 고유의 종교를 신앙하고 실천하며 고유의 언어를 사용할 권리를 거부당하지
아니한다.

제 31 조

1. 당사국은 휴식과 여가를 즐기고, 자신의 연령에 적합한 놀이와 오락활동에 참여하
   며 문화생활과 예술에 자유롭게 참여할 수 있는 권리를 인정한다.

2. 당사국은 문화적, 예술적 생활에 완전하게 참여할 수 있는 아동의 권리를 존중하
   고 촉진하며, 문화, 예술, 오락 및 여가활동을 위한 적절하고 균등한 기회를 제공
   하도록 권장해야 한다.

제 32 조

1. 당사국은 아동에 대한 경제적 착취, 그리고 아동의 교육에 위험하거나 방해되는
   일, 아동의 건강이나 신체적, 지적, 정신적, 도덕적 또는 사회적 발전에 유해한 노
   동의 수행으로부터 보호받을 수 있는 아동의 권리를 인정한다.

2. 당사국은 본 조의 이행을 보장하기 위한 입법적, 행정적, 사회적, 교육적 조치를
   강구하여야 한다. 이 목적을 위하여 그리고 여타 국제문서의 관련 규정을 고려하
   여 당사국은 특히 다음의 조치를 취하여야 한다.
   가. 최저 고용연령의 규정
   나. 고용시간과 조건에 관한 적절한 규정의 수립
   다. 본 조의 효과적인 실시를 위한 적절한 처벌 또는 기타 제재수단의 규정

제 33 조

당사국은 관련 국제조약에서 규정하고 있는 마약과 향정신성 물질의 불법적 사용으
로부터 아동을 보호하고 이러한 물질의 불법적 생산과 거래에 아동이 이용되는 것을
방지하기 위하여 입법적, 행정적, 사회적, 교육적 조치를 포함한 모든 적절한 조치를
취하여야 한다.

제 34 조

당사국은 모든 형태의 성적 착취와 성적 학대로부터 아동을 보호할 의무를 진다.

이 목적을 달성하기 위하여, 당사국은 특히 다음의 사항을 방지하기 위한 모든 적절한 조치를 국내적으로, 양국간, 다국간으로 취해야 한다.

가. 아동을 불법적·성적 활동에 종사하도록 유인하거나 강제하는 행위

나. 아동을 매음이나 기타 불법적·성적 활동에 착취적으로 이용하는 행위

다. 아동을 외설적인 공연 및 자료에 착취적으로 이용하는 행위


제 35 조

당사국은 모든 목적과 형태의 아동의 약취 유인이나 인신매매 또는 거래를 방지하기 위한 모든 적절한 국내적, 양국간, 다국간 조치를 취하여야 한다.


제 36 조

당사국은 아동복지의 모든 측면에 해가 되는 기타 모든 형태의 착취로부터 아동을 보호하여야 한다.


제 37 조

당사국은 다음의 사항을 보장하여야 한다.

가. 어떠한 아동도 고문 또는 기타 잔혹하거나 비인간적이거나 굴욕적인 대우나 처벌을 받지 아니한다. 18세 미만의 아동이 범한 범죄에 대하여 사형 또는 석방의 가능성이 없는 종신형을 부과해서는 안 된다.

나. 어떠한 아동도 불법적 또는 전횡적으로 자유를 박탈당하지 아니한다. 아동의 체포, 억류 또는 구금은 법률에 따라 행해야 하며, 오직 최후의 수단으로서 또한 적절한 최단기간 동안만 사용되어야 한다.

다. 자유를 박탈당한 모든 아동은 인도주의와 인간 고유의 존엄성에 대한 존중에 입각하여 그리고 그들의 연령상의 필요를 고려하여 처우되어야 한다. 특히 자유를 박탈당한 모든 아동은, 성인으로부터 격리되지 아니하는 것이 아동에게 주어지는 최상의 이익에 합치한다고 생각되는 경우를 제외하고는 서신과 방문을 통해

자기 가족과의 접촉을 유지할 권리를 갖는다.

라. 자유를 박탈당한 모든 아동은 법률적, 기타 적절한 구조를 신속하게 받을 수 있는 권리를 가지며, 법원 혹은 독립적이고 공정한 소관당국에게 자신이 당하고 있는 자유박탈의 적법성에 대해 이의를 제기하고 이러한 소송에 대하여 신속한 결정을 받을 권리를 갖는다.

제 38 조

1. 당사국은 무력분쟁에 있어서, 당사국에 적용 가능한 아동관련 국제인도법을 존중하고 이 법이 준수되도록 조치를 취한다.

2. 당사국은 15세에 달하지 아니한 자가 적대행위에 직접 참여하지 아니할 것을 보장하기 위하여 실행 가능한 모든 조치를 취하여야 한다.

3. 당사국은 15세에 달하지 아니한 자의 징병을 삼가 하여야 한다. 15세 이상 18세 이하의 아동 가운데 징병하는 경우, 당사국은 연장자 순으로 징집해야 한다.

4. 무력분쟁에 있어서 민간인 보호를 위한 국제인도법상의 의무에 따라서 당사국은 무력분쟁의 영향을 받는 아동을 보호하고 배려하기 위해 실행 가능한 모든 조치를 취하여야 한다.

제 39 조

당사국은 어떠한 형태의 유기, 착취, 학대, 또는 고문이나 기타 어떠한 형태의 잔혹하거나 비인간적이거나 굴욕적인 대우나 처벌, 또는 무력분쟁으로 인하여 희생이 된 아동의 신체적, 심리적 회복 및 사회복귀를 촉진시키기 위한 모든 적절한 조치를 취하여야 한다.

제 40 조

1. 당사국은 형사피의자나 형사피고인 또는 유죄혐의 혹은 유죄로 인정받은 모든 아

동에 대한 처리 방법을 다음과 같이 취한다. 아동의 연령 그리고 아동의 사회복귀 및 사회에서 건설적 역할을 담당하도록 촉진하는 것이 바람직스럽다는 점을 고려하고, 아동이 인권과 타인의 기본적 자유에 대해 존중하도록 하며, 인간의 존엄성과 가치에 대한 아동의 자각을 촉진시키는 범위 안에서 아동을 처리한다.

2. 이 목적을 위하여 그리고 국제문서의 관련규정을 고려하며, 당사국은 특히 다음 사항을 보장하여야 한다.

가. 모든 아동은 국내법 또는 국제법에 의해 금지되지 아니한 행위를 했거나 안했다는 이유로 형사피의자가 되거나 형사기소 되거나 유죄로 인정받지 아니한다.

나. 형사피의자 또는 형사 피고인이 된 모든 아동은 최소한 다음사항을 보장 받는다.

1) 법에 따라 유죄가 입증될 때까지는 무죄로 추정된다.

2) 피의사실을 신속하게 그리고 직접 또는, 적절한 경우, 부모나 법정 후견인을 통하여 통지받으며, 변론의 준비 및 제출 시 법률적 또는 기타 적절한 지원을 받는다.

3) 독립적이고 공평한 소관 기관 또는 사법기관에 의하여 법률에 따른 공정한 심리를 받아 지체 없이 사건이 판결되어야 하며, 판결 시에는 법률상의 지원을 제고하고 특히 그의 연령이나 주변 환경, 부모 또는 법정후견인 등을 고려하여야 한다.

4) 증언이나 유죄의 자백을 강요당하지 아니하며, 대등한 조건 아래 반대편 증인을 조사하고 자신을 위한 증인을 출석시켜 조사받도록 한다.

5) 형법위반으로 간주되는 경우, 그 결정 및 그에 따라 부과되는 모든 조치를 법률에 따라 독립적이고 공정한 소관 사법기관에 의하여 심의하도록 한다.

6) 아동이 사용되는 언어를 이해하지 못하거나 말하지 못하는 경우, 무료로 통역원의 지원을 받는다.

7) 사법절차의 모든 단계에서 아동의 사생활이 충분히 존중받도록 한다.

3. 당사국은 형사피의자, 형사피고인 또는 유죄로 인정받은 아동에게 특별히 적용될 수 있는 법률, 절차, 기관 및 기구의 설립을 촉진하도록 노력하며, 특히 다음 사항에 노력하여야 한다.

　가. 형법위반능력이 없다고 추정되는 최저 연령의 설정

　나. 적절하고 바람직스러운 경우, 인권과 법적 보호가 완전히 존중되는 조건 아래에서 이러한 아동을 사법 절차에 의하지 아니하고 처리하기 위한 조치

4. 아동을 그들의 복지에 적절하고 그들의 여건 및 범행에 비례하여 처리하기 위하여, 보호, 지도, 감독명령, 상담, 보호관찰, 보호양육, 교육과 직업훈련 및 감호소 보호에 대한 여타 대체방안 등 여러 가지 처리방법을 활용한다.

제 41 조

이 협약의 규정은 다음 법에 포함되어 있는 아동의 권리 실현에 보다 공헌할 수 있는 어떠한 규정에도 영향을 미치지 아니한다.

가. 당사국의 법

나. 당사국에 대하여 효력을 갖는 국제법

# 제 2 부

제 42 조

당사국은 이 협약의 원칙과 규정을 적절하고 적극적인 수단을 통하여 성인과 아동 모두에게 널리 알릴 의무를 가진다.

제 43 조

1. 이 협약의 의무이행을 달성함에 있어서 당사국이 이룩한 진전 상황을 심사하기 위하여 이하에 규정된 기능을 수행하는 아동권리위원회를 설립한다.

2. 위원회는 고매한 인격을 가지고 이 협약이 대상으로 하는 분야에서 능력이 인정된 10명의 전문가로 구성된다. 위원회의 위원은 공평한 지리적 분포와 국가의 사법제도를 고려하여 당사국의 국민 가운데 선출되며, 개인적 자격으로 임무를 수행한다.

3. 위원회의 위원은 당사국에 의하여 임명된 자의 명단 중에서 비밀투표에 의하여 선출된다. 각 당사국은 자국민 중에서 1인을 임명할 수 있다.

4. 아동권리위원회의 위원을 선출하는 첫 번째 선거는 이 협약 발효일로부터 6월 이내에 실시되며, 그 이후는 매 2년마다 실시된다. 각 선거일의 최소 4개월 이전에 유엔사무총장은 당사국에 대하여 2개월 이내에 후보자의 명단을 제출하라는 서한을 발송해야 한다. 사무총장은 위원으로 임명한 당사국의 국가명과 함께 알파벳 순으로 임명된 후보들의 명단을 작성하여, 이를 이 협약의 당사국에 제시해야 한다.

5. 선거는 유엔본부에서 사무총장에 의해 소집된 당사국 회의에서 실시된다. 이 회의는 당사국의 3분의 2 참석을 의사정족수로 하고, 투표에서 최대득표와 절대득표를 얻은 자가 위원으로 선출된다.

6. 위원회의 위원은 4년 임기로 선출된다. 위원은 재임명된 경우에 재선될 수 있다. 첫 번째 선거에서 선출된 위원 중 5인의 임기는 2년 후에 종료된다. 이들 5인 위원의 명단은 첫 번째 선거 후 즉시 동 회의의 의장에 의하여 추첨으로 선정된다.

7. 위원회 위원이 사망, 사퇴 또는 본인이 어떠한 이유로 인하여 위원회의 임무를 더 이상 수행할 수 없다고 선언하는 경우, 그 위원을 임명한 당사국은 자국민 중에서 잔여 임기를 수행할 다른 전문가를 임명하되 이는 위원회의 승인을 받아야 한다.

8. 위원회는 자체의 절차규정을 제정한다.

9. 위원회는 2년 임기의 임원을 선출한다.

10. 위원회의 회의는 통상 유엔본부나 위원회가 결정하는 여타의 편리한 장소에서 개최된다. 위원회는 통상 매년 회의를 한다. 위원회의 회의 기간은, 필요한 경우, 이 협약 당사국 회의에 의하여 결정되고 재검토 되나 이는 총회의 승인을 받아야 한다.

11. 유엔사무총장은 이 협약에 따라 설립된 위원회의 효과적인 기능수행을 위하여 필요한 직원과 편의를 제공한다.

12. 이 협약에 따라 설립된 위원회의 위원은 총회의 승인에 따라 총회가 결정하는 기간과 조건에 따라 유엔의 재원으로부터 보수를 받는다.

제 44 조

1. 당사국은 이 협약이 인정하고 있는 권리를 실행하기 위하여 그들이 채택한 조치와 동 권리의 향유와 관련하여 이룩한 진전 상황에 관한 보고서를 다음과 같이 유엔사무총장을 통해 위원회에 제출한다.
   가. 관계당사국에 대하여 이 협약이 발효한 후 2년 이내
   나. 그 후 매 5년마다

2. 본 조에 따라 제출되는 보고서는 이 협약의 의무이행에 영향을 미치는 요소와 장애가 있을 경우 이를 명시하여야 한다. 보고서는 또한 관계국에서 협약을 어떻게 이행하고 있는지에 대해 위원회의 포괄적인 이해를 돕기 위해 충분한 정보를 포함하여야 한다.

3. 위원회에 포괄적인 내용을 담은 첫 번째 보고서를 제출한 당사국은, 본 조 제1항 "나"호에 따라서 제출하는 후속보고서에 이미 제출한 기초적 정보를 반복할 필요는 없다.

4. 위원회는 당사국으로부터 이 협약의 이행에 관한 정보를 추가로 요청할 수 있다.

5. 위원회는 위원회의 활동에 관한 보고서를 매 2년마다 경제사회이사회를 통해 총회에 제출한다.

6. 당사국은 아동권리위원회에 제출하는 국가보고서를 일반 국민들에게 널리 알려야 한다.

제 45 조

이 협약의 효과적인 이행을 촉진하고 이 협약이 대상으로 하는 분야에서의 국제협력을 장려하기 위하여,

가. 전문기구, 유니세프 및 유엔의 여타 기관은 이 협약 중 그들의 권한범위 안에 속하는 규정의 이행에 관한 심의에 대표를 파견할 권리를 갖는다. 위원회는 전문기구, 유니세프 및 위원회가 적절하다고 판단하는 여타의 자격이 있는 기구에 대하여 각 기구의 권한 범위에 속하는 분야에 있어서 이 협약의 이행에 관한 전문적인 자문을 제공해 줄 것을 요청할 수 있다. 위원회는 전문기구, 유니세프 및 유엔의 여타 기관에게 그들의 활동범위에 속하는 분야에 대하여 이 협약의 이행에 관한 보고서를 제출해 줄 것을 요청할 수 있다.

나. 위원회는 적절하다고 판단되는 경우, 기술적 자문이나 지원을 요청하는 국가보고서에 대해 위원회의 제안과 함께 전문기구, 유니세프 및 기타 자격이 있는 기구에게 발송할 수 있다.

다. 위원회는 유엔사무총장이 위원회를 대신하여 아동의 권리와 관계된 구체적인 사안에 대해 연구를 실시하도록 유엔총회에 요청할 수 있다.

라. 위원회는 이 협약 제44조와 제45조에 따라 접수한 국가보고서에 기초하여 제안과 일반적 권고사항 을 제시할 수 있다. 이러한 제안과 일반적 권고사항에 대해 당사국의 논평이 있으면 그 논평과 함께 관계 당사국에 전달되고 총회에 보고되어야 한다.

# 제 3 부

### 제 46 조

이 협약은 모든 국가로부터 서명을 받기 위하여 개방된다.

### 제 47 조

이 협약은 비준되어야 한다. 비준서는 유엔사무총장에게 기탁된다.

### 제 48 조

이 협약은 모든 국가에 의한 가입을 위하여 개방된다. 가입서는 유엔사무총장에게 기탁된다.

### 제 49 조

1. 이 협약은 20번째 비준서 또는 가입서가 유엔사무총장에게 기탁되는 날로부터 30일째 되는 날 발효한다.

2. 20번째의 비준서 또는 가입서의 기탁 이후에 이 협약을 비준하거나 가입하는 각 국가에 대하여, 이 협약은 그 국가의 비준서 또는 가입서 기탁 후 30일째 되는 날 발효한다.

### 제 50 조

1. 어떤 당사국을 막론하고 개정안을 제안하고 이를 유엔사무총장에게 제출할 수 있다. 이 경우 사무총장은, 모든 당사국에게 동 제안을 심의하고 표결에 붙이기 위한 당사국회의 개최에 대한 찬성 여부에 관한 의견을 표시하여 줄 것을 요청하는 것과 함께, 개정안을 송부하여야 한다. 이러한 통보일로부터 4개월 이내에 당사국 중 최소 3분의 1이 회의 개최에 찬성하는 경우, 사무총장은 유엔 주관 아래 동 회의를 소집해야 한다. 동 회의에 출석하고 표결한 당사국의 과반수에 의하여 채택

된 개정안은 그 승인을 위하여 유엔총회에 제출된다.

2. 본 조 제1항에 따라서 채택된 개정안은 유엔총회에 의하여 승인되고, 모든 당사국의 3분의 2가 찬성하게 될 때에 발효한다.

3. 개정안이 발효하게 되면, 이에 찬성한 당사국과 기존의 협약서 및 이전의 개정안을 이행할 의무를 지고 있는 모든 당사국에 대해 구속력을 발휘하게 된다.

제 51 조

1. 유엔사무총장은 각국이 이 협약의 비준 또는 가입 시 작성한 유보조항 문서를 접수하고 모든 국가에게 이를 배포해야 한다.

2. 이 협약의 목표와 목적에 위배되는 유보조항은 허용되지 아니한다.

3. 유보사항의 철회는 유엔사무총장에게 통지서 발송을 통해 언제든지 가능하며, 사무총장은 이를 모든 국가에게 통보해야 한다. 그러한 통보는 사무총장에게 접수된 날로부터 발효한다.

제 52 조

당사국은 유엔사무총장에게 서면으로 이 협약에 대한 비준의 실효(失效)를 통고할 수 있다. 실효는 사무총장이 통고서를 접수한 날로부터 1년 후에 발효한다.

제 53 조

유엔사무총장은 이 협약의 수탁자로 지명되었다.

제 54 조

아랍어, 중국어, 영어, 불어, 러시아어 및 서반아어로 된 이 협약서의 원본은 모두 동등한 정본으로서 유엔사무총장에게 기탁된다.

이 협약의 증인으로서, 아래에 서명한 전권 대사들은 각국 정부에 의하여 정당히 권한을 위임받아 이 협약에 서명하였다.

유아 권리
길라잡이